_____ 님의 운을 믿고 따라가세요.

_____ 님은 잘될 운명입니다.

_____ 드림

내 타로는
내가 본다

내 운명은 내가 본다

타로편

내 타로는
내가 본다

타로마스터 정회도 지음

SOUL SOCIETY

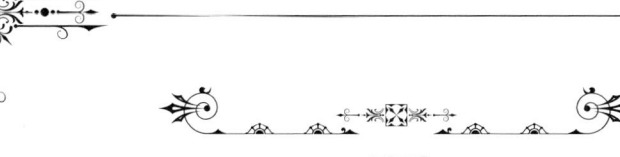

차례

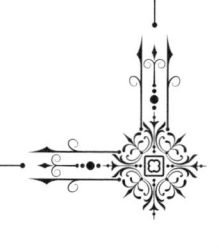
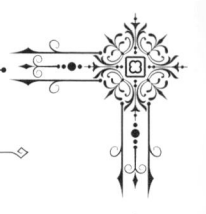

타로카드로 내 운명을
내가 볼 수 있습니다

"정회도 선생님은 신기(神氣)가 있으신가요?"

저는 신기를 경험해본 적이 없습니다. 그래서 그것이 무엇이라고 말할 수도 없습니다. 저는 특별한 사람도 아니고 능력도 없었습니다. 다만, 처음에 타로카드의 매력에 푹 빠져서 취미로 시작했고, 많은 사람들이 타로카드를 보기 위해 저를 찾아주면서 자연스럽게 직업이 됐을 뿐입니다. 지금까지 타로마스터로서 상담하는 일을 15년 정도 하면서 느낀 바가 하나 있습니다. 바로 저에게는 우주의 메시지를 읽어내는 능력이 있었고, 그것이 타로카드로 인해 깨어났으며, 계속 쓰게 되면서 발달하게 됐다는 것입니다. 저는 이 능력을 '직관(Intuition)'이라고 부르고 싶습니다. 직관이란 이성적 사고를 통해 판단하는 것이 아니라 마음과 소울(영혼)의 힘으로 판단하는 것을 가리킵니다. 직관은 순간적인 아이디어나 영감의 형태로 오기 때문에 의도하거나 의식하지 않은 무의식 상태에서 가능합니다. 경영 전략의 대가 헨리 민츠버그를 비롯한 많은 학자들은 최고경영자의 판단이 직관에 의해서 이루어지는 경우가 많다고 말하기도 했습니다. 마치 운동신경을 타고나는 사람이 있듯이 직관 능력도 타고나는 부분이 있기는 합니다. 하지만 직관을 기르는 것은 훈련으로도 충분히 가능합니다. 누구나 운동을 열심히 하면 일정 수준까지 체력과 실력을 가질 수 있는 것과 같은 원리입니다.

　타로카드는 카드를 뽑는 영역과 뽑은 카드를 해석하는 영역으로 나뉩니다. 타로카드를 뽑는 순간, 우리는 어떠한 정보 없이 오롯이 무의식에 집중하게 됩니다. 이 과정에서 자연스럽게 정신을 무의식에 연결하는 훈련을 하게 됩니다. 뽑은 타로카드를 해석할 때는 여러 장의 카드를 보고 하나의 메시지를 포착하게 됩니다. 가령, 78장의 타로카드 중에서 단 3장만 뽑는다고 칩시다. 이때 3장의 동일한 카드가 같은 순서로 나올 확률은 약 46만 분의 1입니다. 이와 같은 확률에서 정해진 답이란 있을 수 없습니다. 즉, 타로카드를 해석한다는 것은 정해진 답을 찾는 것이 아니라 타로카드가 주는 힌트를 통해 그 순간의 우주의 메시지를 찾아내는 일입니다. 따라서 타로카드는 직관을 키우는 최고의 훈련이라고 볼 수 있습니다. 제대로 된 직관에 의한 판단은 우리로 하여금 우주와 자연의 순리에 거스르지 않는 결정을 하도록 이끌어줍니다. 뛰어난 직관은 잘될 운명으로 갈 수 있는 핵심 능력입니다. 타로카드를 공부하면 당신의 잠들어 있던 직관을 깨울 수 있습니다. 의외로 당신은 남들보다 타고난 직관을 가진 사람일 수도 있습니다.

　저는 타로카드를 통해 제 운명을 볼 수 있었고, 이후로 삶의 불안감이 많이 사라졌습니다. 내 운명을 직접 볼 수 있게 되면 현재의 시점에서 미래를 대비할 수 있습니다. 미래를 대비한다는 것은 운명을 보는 것을 넘어서 내가 바라는 방향으로 개척할 수 있음을 의미합니다. 이처럼 타로카드 안에는 잘될 운명으로 가기 위한 방법이 숨어 있습니다.

　어떤 사람들은 타로카드가 미신(迷信)이 아니냐고 묻습니다. 미신은 사람을 현혹시키거나 혼란을 주는 비과학적이고 비합리적인 믿음입니다. 타로카드는 미신이 아닙니다. 다음의 두 가지가 그 근거입니다. 첫째, 타로카드는 당신에게 혼란을 주지 않습니다. 오히려 타로카드는 혼란스러운 상황에서 마음을 편안하게 해주고 복잡한 생각을 정리해줍니다. 둘째, 타로카드는 비과학적인 믿음이 아니라 현재의 과학기술로 증명할 수 없는 초과학입니다. 100년 후에는 타로카드의 원리가 과학으로 증명될지도 모릅니다.

타로카드는 당신이 소울 가득한 삶을 살 수 있도록 도와줄 것입니다. 지금 이 순간 타로카드와 인연이 닿았다는 것은 당신이 알아야 하는 우주의 메시지 또는 깨달음이 있음을 의미합니다. 이 책을 통해 타로카드를 배우고 난 후, 그 사실 하나만 알게 되어도 이 과정이 충분히 값진 시간이었음을 깨닫게 될 것입니다.

이 책은 타로카드를 전혀 몰랐던 사람이 독학으로 타로카드를 배워서 실제로 자신의 운명을 직접 볼 수 있도록 구성했습니다. 뿐만 아니라 더 나아가 다른 사람의 운명도 봐줄 수 있는 수준까지 이르도록 설계했습니다. 초보자는 물론이고, 전문적으로 타로 상담을 하는 프로 타로마스터들도 이 책의 내용을 참조해 내담자(손님)들을 상담할 때 실용적인 활용이 가능합니다.

이 책은 기존 타로카드의 이론 바탕 위에 제가 오랫동안 연구하고 체계화해 정립한 이론과 기법을 더해 집필했습니다. 즉, '타로마스터 정회도'만의 오리지널리티가 있는 내용이라고 할 수 있습니다. 따라서 기존에 출간된 다른 타로마스터들의 저서, 다른 타로카드 수업에서 말하는 이론과는 상이한 내용이 있을 수도 있다는 점을 말씀드립니다.

1장

타로마스터
정회도가 생각하는
타로카드

타로카드는
왜 이렇게 잘 들어맞는 것일까?

타로카드는 무의식을 들여다보고, 무의식이 들려주는 메시지를 듣게 해주는 도구입니다. 스위스의 분석심리학자 카를 융은 "무의식이 정하는 삶의 방향이 운명이다"라고 말했습니다. 이 말은 무의식을 보면 그 사람의 운명을 예측할 수 있음을 의미합니다. 타로카드를 뽑을 때는 동일한 배경의 뒷면이 펼쳐진 상태에서 카드를 뽑고, 카드를 뒤집어서 앞면에 그려진 그림을 보고 그 뜻을 해석합니다.

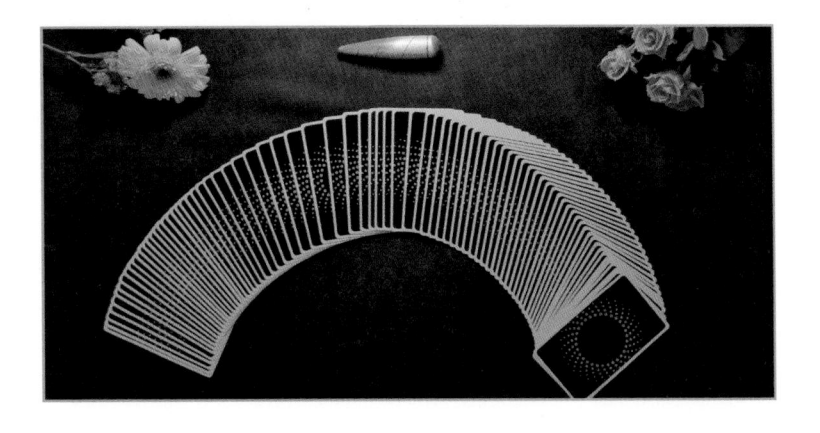

이때 뒷면의 동일한 배경은 무의식을, 앞면에 그려진 78장의 그림들은 의식을 의미합니다. 이성적인 판단이나 선입견 없이 카드를 뽑아야만 무의식의 파동 에너지를 타로카드에 투영할 수 있기 때문

에 타로카드의 뒷면은 동일한 배경으로 통일되어 있습니다.

타로카드의 원리를 더 구체적으로 살펴보겠습니다. 하나의 생각을 집중해서 하면 우리 눈에는 보이지 않는 파동 에너지가 발생합니다. 동양에서는 이것을 '기(氣)'라고 말하고, 서양에서는 '주파수(Frequency)'라고 말합니다. 78장으로 구성된 타로카드의 그림은 모두 다 다르고, 각 카드마다 고유의 주파수가 존재합니다. 타로카드를 뽑을 때, 우리는 자신이 내보내는 파동 에너지와 일치하는 파동 에너지를 가진 타로카드를 무의식적으로 뽑게 됩니다. 그래서 카드를 뽑기 전에 생각을 집중하는 것이 매우 중요합니다. 집중된 상태라야 파동 에너지가 명확하게 발생하기 때문입니다. 비유를 하자면, 집중하지 않은 상태는 빛을 손전등으로 내보내는 것과 같고, 집중한 상태는 레이저로 빛을 내보내는 것과 같습니다.

집중을 한다는 것은 '구체적인 이미지'를 머릿속에 그리고 있는 상태를 가리킵니다. 예컨대 '앞으로 부자가 될 거야'라고 생각하는 것이 아니라 미래에 자신이 살고 싶은 집에서 거주하는 모습을 생각하는 것입니다.

그렇다면 타로카드의 적중률은 얼마나 될까요? 집중한 상태에서 타로카드를 뽑았다는 전제하에 제 경우를 말씀드리면, 저는 보통 내담자분의 과거와 현재는 80% 이상 맞게 해석해왔습니다. 굉장히 높은 정확도이지요. 이런 일이 가능한 까닭은 과거와 현재는 이미 발생한 파동 에너지를 읽으면 되기 때문입니다. 미래는 조금 다릅니다. 우선 과거와 현재를 보고 여기에 미래에서 온 파동 에너지를 함께 결합해서 예측해야 합니다. 파동 에너지는 3차원의 개념이 아닌 4차원 또는 5차원의 개념으로, 시간과 공간을 초월합니다. 그래서 장소와 시간의 구애를 받지 않고 미래의 파동 에너지를 현재로 끌어오는 것이 가능합니다. 같은 원리로 지금 내 앞에 없는 사람의 파동 에너지도 끌어올 수 있습니다. 온라인으로도 타로카드 상담이 가능한 이유입니다.

다시 한번 요약하겠습니다. 타로카드는 우리 눈에 보이지 않는 무의식을 '그림(이미지)'이라는 형상으로 보게 해주는 도구입니다. 무의식의 언어를 그림이라는 의식으로 번역해주는 매개체라고 생각하면 쉽습니다. 덕분에 우리는 무의식을 볼 수 있게 되고 더불어 우리의 과거, 현재, 미래도 함께 보게 되는 것입니다.

타로카드를
배우는 과정

+(((○ ✳ ○)))+

타로카드를 배우는 과정은 외국어를 배우는 과정과 비슷합니다. 영어를 배우는 과정을 생각해봅시다. 맨 처음에는 알파벳을 배우고 그다음에 기초적인 단어를 익힙니다. 그리고 기본적인 문법을 배우고 나서야 간단한 문장을 만들어 사용할 수 있게 됩니다. 이후 점점 더 심화된 문법을 익히며 영어에 대한 이해 수준을 높여갑니다. 또한 원리를 공부하는 데만 머무르지 않고, 배운 것을 바탕으로 일상적인 의사소통이 가능하도록 연습합니다. 이 과정을 잘 해내면 현지에서 원어민을 만나도 자유로운 대화가 가능할 것입니다.

타로카드를 배우는 과정도 이와 비슷합니다. 우선 78장의 타로카드를 1장씩 그 의미를 배웁니다. 그다음, 기본 배열법을 배우고 간단한 해석을 해봅니다. 그 후 심화된 배열법을 배우고 실전 상담 연습을 통해 점차 매끄럽고 정확한 상담을 하게 됩니다. 우리가 외국어를 책으로만 배우면 실제 외국인을 만났을 때 대화가 자연스럽게 안 되는 것처럼 타로카드도 실전 상담이 매우 중요합니다. 그래서 이 책을 통해서 이론을 마스터한 후에는 꼭 실전 상담을 하기를 권합니다.

앞에서 설명한 과정은 타로카드를 배우는 큰 흐름입니다. 타로카드를 통해서 도달하고자 하는 목표가 어디인지에 따라서 개인마다 그 과정과 기간이 달라집니다. 목표는 다음과 같이 나눌 수 있습니다.

1단계: 내 운명을 내가 보는 수준

이 단계는 이 책으로 공부하는 사람이라면 누구나 도달할 수 있는 단계입니다. 본인이 궁금한 질문을 생각하면서 타로카드를 뽑고 해석하면서 자신에게 펼쳐질 운명을 볼 줄 아는 단계입니다. 긍정적인 방향이든 부정적인 방향이든, 불확실한 미래를 예측할 수 있다는 사실만으로도 우리는 복잡했던 생각과 불안했던 마음을 정리할 수 있습니다. 해석 결과에 따라 불안했던 마음이 편안해지기도 합니다. 1단계는 이 책을 1회 완독 후에 바로 달성 가능한 단계입니다. 타로카드 일기장을 만들어서 꾸준히 기록하면 타로카드로 내 운명을 더 잘 보게 될 수 있을 뿐만 아니라 내가 원하는 방향으로 개척할 수 있습니다.

2단계: 지인들에게 무료 상담이 가능한 수준

2단계까지 가기 위해서는 이 책을 완벽히 습득해야 합니다. 가능하다면 소울클래스에서 타로마스터 정회도의 온라인 강의를 함께 듣는 것이 좋습니다. 그 후에 50건 정도의 무료 상담을 통해 상담하는 과정이 매끄럽게 진행될 수 있도록 연습합니다. 이 정도 수준이 되면 책과 자료를 보지 않고도 상담이 가능해지고, 지인들은 상담을 받을 때 나의 실력에 감탄하게 됩니다. 또한 고민이 있을 때마다 지인들이 나를 찾거나 다른 사람을 소개해주기도 합니다.

3단계: 지인과 지인에게 소개받은 사람들에게 자율적으로 대가를 받고 상담을 하는 수준

무료 상담을 100건 정도 하게 되면 지인들이 상담의 대가로 식사를 대접하거나 선물을 주기 시작합니다. 지인의 소개로 만나게 된 사람은 소정의 상담료를 봉투에 담아서 건네기도 합니다. 상담에 점차 자신감이 생기고 나를 찾는 사람들이 많아집니다.

4단계: 일정 금액을 정해놓고 소개로 유료 상담을 하는 수준

300건 정도의 상담을 하게 되면 내가 받고자 하는 수준보다 부담스러운 정도의 금액을 상담비로 받는 순간이 옵니다. 이런 수준에 다다르면 이제는 오히려 상담료를 정하는 편이 상담자와 내담자 모두에게 부담이 없습니다. 돈을 더 벌고자 일정 수준으로 상담료를 책정하는 것이 아니라 적당한 금액을 받아야 하기 때문에 액수를 정해놓고 유료 상담을 하게 됩니다.

5단계: 온·오프라인에서 정식 오픈을 하고 유료 상담을 하는 수준

이 단계는 프로 타로마스터로 활동하는 단계입니다. 타로카드가 본업 또는 부업이 됩니다. 이때 나의 상담 스타일과 강점에 맞는 플랫폼과 방식을 찾아서 오픈을 하는 것이 좋습니다. 한국소울타로협회 홈페이지에서 많은 정보를 찾아볼 수 있습니다.

6단계: 다른 상담사를 교육·양성할 수 있을 정도의 수준

많은 상담을 하다 보면 어떤 고객과 어떤 주제에도 유연하게 상담할 수 있는 수준에 이르게 됩니다. 상담이 긴장되지 않고, 상담을 많이 해도 기운이 떨어지지 않는 단계입니다. 이 정도의 수준이 되면 교육과 실습 지도를 통해 타로마스터 양성 과정을 진행할 수 있습니다.

7단계: 나만의 이론과 기법을 정립할 수 있을 정도의 수준 - 나만의 절대 경지

이 단계는 남들이 가지 않은 길입니다. 계단 없는 계단을 오르는 과정입니다. 1~6단계는 눈에 보이는 성과와 보상이 있지만, 7단계에서는 성과와 보상을 보장받을 수가 없습니다. 누구나 이 길을 갈 수 있는 것도 아니고, 가야 하는 것도 아닙니다. 타로마스터 정회도는 현재 이 과정 중에 있습니다. 저는 이 단계를 '나만의 절대 경지를 추구하는 단계'라고 말합니다. 이 단계를 왜 밟고 있느냐고 묻는다면 이렇게 답변하고 싶습니다.

"내 안에서 절대적으로 성취할 수 있는 나만의 절대 경지가 있다. 그것을 추구하는 것이 영혼의 세계다."

저는 이 책을 통해 인연이 닿은 여러분이 모두 2단계까지는 다 다를 수 있도록 안내하고 싶습니다. 3단계부터는 본인의 의지가 있다면 책이 아닌 다른 경로를 통해서 제가 도와줄 것입니다.

이제 저와 함께 타로카드의 세계로 문을 열고 들어가도록 합시다. 그전에 다음의 한 가지 사항을 당부합니다.

부디 조급한 마음을 갖지 않으시길 바랍니다. 어떤 것을 배우고 활용하기 위해서는 '절대 시간'이 필요합니다. 이 책과 저를 믿고 묵묵히 따라온다면, 어느 순간 여러분은 내 운명은 내가 보게 될 것입니다. 또한 남의 운명도 봐줄 수 있게 될 것입니다.

초보에서 마스터까지,
단계별로 타로카드 경험하기

타로 상담이 필요한 분이라면_소울톡 경험하기

소울톡 애플리케이션을 통해서 한국소울타로협회가 인증한 실력 있는 타로마스터에게 채팅 또는 통화로 1:1 타로 상담을 받아보세요.

소울이 있는 대화

소울톡
플레이스토어 또는 앱스토어에서 '소울톡' 설치

채팅 또는 통화로 언제, 어디서나 1:1 타로 상담이 가능하며 소울이 담긴 다양한 콘텐츠를 경험할 수 있습니다.

타로카드를 한번 배워보고 싶다면_초보자를 위한 타로카드 수업

1. 소울클래스에서 정회도의 타로 수업을 들어보세요. 이 수업을 듣고 나면 실전 상담이 가능해집니다.
2. 실습을 위해서는 타로카드와 스프레드 천이 필요합니다. 소울소사이어티 스마트스토어에서는 타로 입문자를 위한 필수품으로 구성된 소울타로키트를 판매 중입니다. 많은 타로카드 입문자들이 그 유용함과 실용성을 극찬한 제품으로 초보자용으로 안성맞춤입니다.

독자님을 위한 특별한 혜택
정회도의 소울타로 마스터 클래스
10% 할인 쿠폰 코드: 내타내본

소울클래스(soulclass.kr) 회원 가입 후, 오른쪽 상단 MY-쿠폰 등록하기-
쿠폰 코드 '내타내본' 입력 후 수강 신청 시 '쿠폰 적용하기'를 선택하시
면 할인된 금액으로 결제가 가능합니다.

3. 한국소울타로협회 카페에 가입해 타로 상담에 대한 인사이트를
주는 칼럼도 읽고 다양한 케이스를 함께 리딩합니다.
4. 타로카드 해석이 가능해졌다면 한국소울타로협회 소울타로 상
담사 3급 자격증에 도전해보시는 것도 좋습니다.

타로 상담을 제대로 해보고 싶다면_타로마스터 양성 과정

소울이 있는 배움
소울클래스
soulclass.kr

당신의 소울을 가득 채워줄 운명학, 심리, 명상, 자기계발 강의를 들어
보세요.

1. 소울타로 마스터 클래스 전 과정을 수강했다면 한국소울타로협
회 정회원으로 승급되어 회원 전용 게시판과 오픈 채팅방에서 매일
'오늘의 케이스 스터디'를 함께할 수 있습니다.

2. 상담을 하다가 막히는 부분이 있다면 소울클래스의 〈타로고수 워크숍〉을 추천합니다. 다양한 실전 사례를 접할 수 있습니다.

3. 타로마스터 정회도의 15년 상담 노하우를 모두 전수하는 〈소울 마스터 상담 심화 과정〉을 오프라인으로 이수하고 소울타로 상담사 2급 자격증에 도전해보세요. 시험에 합격하면 소울톡 상담사로도 활동할 수 있습니다.

타로카드를 통해 빛이 되는 사람들
한국소울타로협회
soultarot.kr

타로에 진심인 분들이 모여 함께 공부하며 성장합니다.
교육 과정과 시험을 거쳐 자격증을 취득할 수 있습니다.

이제 당신은 타로마스터입니다!

2장

78장의
타로카드에 대하여

타로카드의
역사와 구성

타로카드는 어디에서부터 유래했을까요? 이집트 기원설, 중국 기원설, 인도 기원설 등 타로카드의 기원을 둘러싸고 여러 의견들이 존재합니다. 말 그대로 '(가)설'이기 때문에 어떤 것이 맞는지 단정 지을 수 없습니다. 저는 개인적으로 이집트 기원설을 좋아합니다. '타로(Tarot)'의 어원이 고대 이집트어에서 유래했다는 주장 때문입니다. 고대 이집트어로 'Tar(타)'는 길(道) 또는 법(法)을 뜻하고, 'Ro(로)'는 왕 또는 황제를 가리킵니다. 타로의 어원은 황도(皇道), 즉 '황제의 길'이라는 주장입니다. 이 주장에 따르면 타로카드는 황제가 가는 길을 알려주는 도구인 것이지요. 제왕 정치가 사라진 오늘날 황제는 누구일까요? 내 인생의 주인인 내가 곧 황제입니다. 타로는 내 인생의 가는 길을 알려주는 도구라고 볼 수 있는 셈이지요.

타로는 14세기부터 프랑스와 이탈리아를 중심으로 성행했습니다. 프랑스에서는 '타로(Tarot)', 이탈리아에서는 '타로치(Tarocchi)'로 불렸습니다. 지금 우리가 쓰는 타로(Tarot)는 영어가 아닌 프랑스어입니다.

현재 가장 대중적으로 많이 쓰이는 타로카드는 1909년에 아서 에드워드 웨이트(Arthur Edward Waite)가 기획하고 파멜라 콜만

스미스(Pamela Colman Smith)가 그림을 그린 라이더 웨이트 카드입니다. 라이더 웨이트 카드를 기본으로 색감과 콘셉트를 개선해 만든 타로카드들을 '웨이트(Waite) 계열 타로카드'라고 부릅니다. 이 책에서는 타로마스터 정회도가 라이더 웨이트 카드를 21세기 버전으로 산뜻하고 선명하게 개선해 만든 '소울 웨이트 타로카드'의 이미지를 사용하고자 합니다.

웨이트 계열 타로카드는 22장의 메이저카드와 56장의 마이너 카드, 총 78장의 카드로 구성됩니다. 이 78장의 카드를 모두 익혀야 타로 상담이 가능합니다. 외국어 학습과 비교한다면 78장의 타로카드는 단어 내지 문장에 해당합니다. 78장의 타로카드를 모두 다 외우는 것이 부담스러울 수 있겠지만, 그림으로 되어 있기 때문에 익히는 것이 어렵지 않습니다. 타로카드를 공부할 때는 단순 암기를 하기보다는 각각의 카드에 그려진 그림들로부터 흘러나오는 느낌과 에너지를 이해하고 받아들이는 것이 좋습니다. 각각의 카드에 그려진 그림들이 상징하는 바가 무엇인지 그저 외우는 식으로 공부하면 상담의 깊이에 있어서 한계에 부딪치게 됩니다. 이런 상담은 입력된 데이터를 토대로 단순하게 카드를 해석해 보여주는 애플리케이션 타로 상담의 수준에 머물기 때문입니다.

22장의 메이저카드와
56장의 마이너카드

THE FOOL

THE MAGICIAN

THE HIGH PRIESTESS

THE EMPRESS

THE EMPEROR

THE HIEROPHANT

THE LOVERS

THE CHARIOT

STRENGTH

THE HERMIT

WHEEL of FORTUNE

JUSTICE

　　22장의 메이저카드는 0번 THE FOOL(바보) 카드에서 시작해 21번 THE WORLD(월드) 카드로 끝납니다. 아무것도 모르는 순수한 소년(0번 바보)이 여행을 떠나 다양한 경험과 배움을 통해 성장하고 자신만의 세상(21번 월드)을 구축하는 스토리로 구성되어 있습니다. 한 영혼이 지구에 여행을 와서 겪게 되는 여정을 그림으로 표현했다고 볼 수 있습니다.

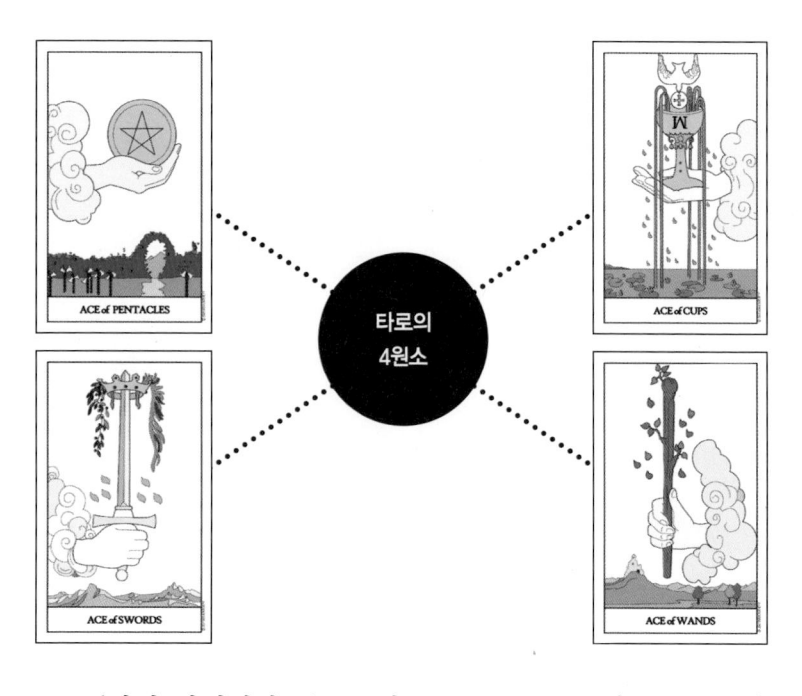

56장의 마이너카드는 동전(PENTACLES), 컵(CUPS), 칼(SWORDS), 나무(WANDS)로 구성됩니다. 동전은 흙, 컵은 물, 칼은 바람, 나무는 불의 에너지를 상징합니다. 즉, 마이너카드에는 4원소의 에너지를 균형적으로 담았다고 볼 수 있습니다. 타로카드를 공부하다 보면 카드의 구성과 구도가 치밀하고 체계적이어서 깜짝 놀라는 경험을 종종 할 것입니다.

메이저카드는 큰 흐름, 본질, 중요한 변화 등을 나타냅니다. 마이너카드는 큰 흐름 속에서 느끼는 감정, 사건, 인간관계 등을 나타냅니다. 타로 상담을 한 그루의 나무로 표현한다면, 메이저카드는 나무의 뿌리와 기둥 역할을 합니다. 마이너카드는 가지, 잎사귀, 열매입니다. 처음에 78장의 타로카드의 의미를 1장씩 배울 때는 '이렇게 배워서 정말 타로 상담을 할 수 있을까?' 하는 불안감과 의구심이 들지도 모릅니다. 하지만 장담하건대 78장의 타로카드를 모두 다 익히고 나면 당신은 분명 멋진 나무 한 그루를 그려낼 수 있게 됩니다. 마치 레고 블록이 하나씩 분리되어 있을 때는 어떤 것을 만들 수 있을지 알 수 없지만, 그것들을 모아 조립하면 완성된 다양한 형태를 만들어낼 수 있는 것과 같다고 생각하면 됩니다.

내운내본 Tip

인생에서 중요하게 생각하는 질문이거나 구체적인 계획이 있을 때는 메이저카드가 많이 나옵니다. 반대로 중요하지 않게 여기는 질문이나 모호한 질문을 던지면 마이너카드가 많이 나옵니다. 일례로 남녀의 궁합운을 볼 때 남자 입장 카드에 메이저카드가 많이 나오고, 여자 입장 카드에 마이너카드만 나왔다면 남자가 여자에 비해 상대적으로 이 관계에 마음을 많이 쏟고 있다고도 볼 수 있습니다.

 타로카드 배우기 전 카드 뽑아보기

다양한
타로카드의 세계

타로카드에 입문하신 많은 분들로부터 어떤 제품을 사야 할지 고민이라는 질문을 종종 받곤 합니다. 타로카드의 종류와 구성이 다양하기 때문입니다. 다음은 시중에 나와 있는 다양한 타로카드들입니다. 각각의 설명을 잘 살펴보시고 자신의 상황이나 취향에 맞는 제품을 골라 유용하게 활용해보시길 바랍니다.

1. 오라클 카드

오라클 카드는 타로카드를 배운 적이 없는 분들도 쉽게 쓸 수 있는 카드입니다. 카드마다 다양한 메시지가 담겨 있어 내가 지금 하는 고민을 생각하며 1장을 뽑으면 그에 맞는 답을 건네줍니다. 오라클 카드는 정교한 구성과 구도로 만들어진 타로카드와 달리 자유롭게 제작이 가능해서 전 세계적으로 수천 가지 종류가 있습니다. 그런데 타로카드가 서양 문화권에 기반을 둔 것이다 보니 대부분의 오라클 카드는 영어로 되어 있습니다. 소울소사이어티에서는 저의 상담 내공을 녹여낸 소울메세지카드, 어려운 주역을 쉽게 풀어낸 소울주역카드, 별자리 테마의 소울스타카드, 여신 콘셉트의 소울가디스 오라클 카드를 제작해 왔습니다. 전문 타로마스터분들도 타로 상담을 하실 때 이러한 오라클 카드들을 많이 활용하고 있습니다.

2. 웨이트 계열 타로카드

실전에서 타로카드를 활용하고 싶다면 웨이트 계열 타로카드를 구매하는 것을 추천합니다. 웨이트 계열 타로카드 역시 전 세계적으로 수많은 버전이 출시되어 있습니다. 그중에서 가장 많이 사용되는 카드는 유니버셜 웨이트 카드입니다. 인터넷에서 검색되는 저렴한 제품의 경우, 카드의 사이즈도 작고 퀄리티가 떨어지는 중국산 가품인 경우가 많으니 주의하시길 바랍니다.

저도 저만의 관점과 해석을 담아 소울 웨이트 타로카드를 제작한 바 있습니다. 소울 웨이트 타로카드는 제작된 지 100년이 지난 라이더 웨이트 카드와 30년이 지난 유니버셜 웨이트 카드의 장점은 살리고 부족한 점은 보완해 만들어졌습니다. 더욱 깔끔해진 선, 현대적인 색감, 산뜻한 비주얼의 그림은 타로카드 초보자도 직관적으로 카드의 의미를 해석할 수 있도록 도와줍니다.

3. 서브 카드

전문 타로마스터 중에는 여러 종류의 카드를 수집하는 컬렉터 분들이 많습니다. 이때 웨이트 계열 타로카드를 메인 카드로 쓴 후, 서브 카드를 뽑아 조언을 주기도 합니다. 타로 상담 시 조언점 카드로 많이 사용되는 부자의 그림 타로카드의 경우, 기본적으로는 웨이트 계열 타로카드에 뿌리를 두고 있지만 훨씬 더 강렬하고 예술적인 그림들로 채웠으며 일부 카드 타이틀 또한 직관적으로 이해하기 쉽게 바꾸었습니다. 타로 컬러링 북 《부자의 그림》에 부자의 그림 타로카드의 활용법 및 카드별 해석이 상세히 설명되어 있으니 마음에 드는 그림을 선택해 직접 색칠하면서 풍요의 에너지를 충전할 수도 있습니다.

4. 확언 카드

요즘 많은 분들이 명상과 자기 긍정의 도구로 확언 카드를 사용합니다. 확언 카드도 오라클 카드처럼 확언 문장이 영어로 쓰인 제품들이 대부분인데요. 한국어로 된 잘될 운명 확언 카드에는 14개의 보석 그림과 50개의 확언 문장이 담겨 있습니다. 이 중에서 가장 원하는 메시지가 담긴 카드를 골라 눈에 잘 보이는 곳에 두고 수시로 보면 그 메시지가 무의식에 각인되어 행동을 이끌어내어 당신을 잘될 운명으로 가도록 도와줍니다.

5. 스프레드 천 + 파우치

타로카드는 영적인 물건인 만큼 깨끗하게 사용해야 합니다. 나무, 대리석, 유리 등의 소재 위에서는 카드를 펼치기 어렵고 자칫 손상될 수도 있기 때문에 타로카드를 볼 때는 꼭 전용 스프레드 천을 펼쳐놓고 스프레드를 합니다. 이때 스프레드 천이 밀리거나 사이즈가 맞지 않으면 상담할 때 집중하기가 어렵습니다. 따라서 스프레드 천을 구매할 때는 사이즈, 소재, 미끄럼 방지 기능의 유무 등을 고려해 구매하시길 바랍니다. 또한 카드를 오랫동안 훼손 없이 잘 보관하고자 한다면 전용 파우치를 사용하는 것도 적극 권합니다.

소울이 있는 만남
소울소사이어티
soulsociety.kr

타로카드, 오라클 카드, 확언 카드 등
당신을 잘될 운명으로 이끌어줄 소울 아이템들을 만나보세요.

사이트 soulsociety.kr
인스타그램 @soulsociety.official
블로그 blog.naver.com/soul-society

메이저카드
22개의 소울을 본다

0번.
THE FOOL(바보)

❖ 키워드
#시작 #여행 #외국 #결혼 #이동 #홀가분 #계획 없음 #순수함

❖ 그림 속 상징
흰 장미, 흰 개: 순수한 마음
낭떠러지: 한 치 앞을 알 수 없음
누더기 옷, 빈 보따리: 준비가 완벽하지 않음
숫자 0: 새로운 시작, 360도(한 바퀴)를 돌아서 한 차원 높아짐 메이저 0번 THE FOOL(바보) 카드는 시작을 의미합니다. 아무 것도 모르는 소년이 여행을 떠나 자신의 삶을 완성하는 이야기 형식으로 메이저카드는 진행이 됩니다. 빈 보따리와 누더기 옷으로 짐작하건대 어떤 준비나 계획은 없어 보입니다. 그러나 마음은 무겁거나 착잡하지 않습니다. 오히려 홀가분하고 후련합니다.

0번 THE FOOL(바보) 카드는 보통 상담에서 이전과 연속성이 없는 새로운 시작을 의미합니다. 시작과 끝은 대개 같은 시점에 발생하기에 기존에 해왔던 것들이 끝남을 암시할 수도 있습니다. 이동수를 뜻하기도 해서 이 카드가 나오면 여행, 이직, 결혼 등으로 새로운 상황이나 지역으로 가게 되는 경우도 생깁니다.

실전 상담에서의 0번 THE FOOL(바보) 카드

1. 20년간의 직장 생활을 그만두고 경력과 연관성이 없는 새로운 것을 시작할 때 0번 THE FOOL(바보) 카드가 나왔습니다.

2. 0번 THE FOOL(바보) 카드가 결혼 카드(예: 메이저 5번 교황 카드, 4번 나무 카드 등)와 같이 나오면 결혼을 의미했습니다.

3. 0번 THE FOOL(바보) 카드가 이별 카드(예: 메이저 11번 정의 카드, 여왕의 칼 카드 등)와 같이 나오니 마음속의 미련까지 모두 비워버리는 것을 의미했습니다.

내운내본 Tip

0번 THE FOOL(바보) 카드는 숫자 0의 카드로 무(無)의 에너지를 갖고 있습니다. 무(無)의 에너지는 움직임 측면에서는 정지 상태이고, 하얀 백지처럼 아무 일도 없던 것처럼 만드는 에너지입니다. 그래서 만일 0번 THE FOOL(바보) 카드와 함께 백지 카드(Blank card)가 나온다면 추진해오거나 희망하던 일이 없던 일이 될 수 있습니다. 예를 들면, 상대방이 나를 생각하는 마음을 궁금해 하며 카드를 뽑았을 때 0번 THE FOOL(바보) 카드와 백지 카드가 같이 나왔다면 상대방은 내게 아무 마음이 없는 상태일 수 있습니다. 애정도 미움도 없는 무(無)의 상태인 것이지요. 또는 '나를 힘들게 만들던 문제가 어떻게 될까?'라는 질문의 결과로 0번 THE FOOL(바보) 카드가 나온다면, 그 문제는 말끔하게 해결될 수 있습니다. 가령, '몸이 아파서 수술을 받을 예정인데 결과가 어떨까?'라는 질문에 0번 THE FOOL(바보) 카드가 나왔다면 말끔하게 완치가 가능하다고 예상할 수 있습니다.

백지 카드(Blank card)

타로카드를 구매해서 상자를 열어 보면 메이저카드 22장, 마이너카드 56장으로 총 78장의 카드와 백지 카드 2장이 들어 있습니다. 백지 카드는 아무 의미가 없는 여분(Spare)의 카드로 표면적인 목적은 78장의 카드 중 1장을 잃어버렸거나 카드가 손상됐을 때 대체해서 쓸 수 있도록 넣어준 카드입니다. 그래서 백지 카드는 버리거나 따로 보관하고 상담하는 경우가 많습니다.

하지만 저는 백지 카드를 포함시켜서 총 80장의 카드를 가지고 상담합니다. 이는 저만의 철학과 방식입니다. 이처럼 백지 카드의 활용은 타로마스터가 개별적으로 선택할 수 있습니다. 제가 상담을 할 때 백지 카드를 포함시키는 이유는 상담에 있어 가장 중요한 에너지를 지닌 카드이기 때문입니다. 78장의 타로카드에 그려진 그림은 저마다 고유의 에너지를 갖고 있으며, 78장이 빚어내는 에너지의 조화가 타로마스터로 하여금 내담자의 상황을 다각도에서 볼 수 있게 해줍니다.

백지 카드 예시(소울 웨이트 타로카드)

타로카드 그림을 해석하는 타로마스터의 에너지 상태는 백지(Blank) 상태여야 합니다. 어떤 선입견과 감정이 없어야 합니다. 백지처럼 깨끗한 상태일 때 내담자의 파동 에너지를 그대로 받아서 타로카드에 투영할 수 있기 때문입니다. 상담을 하기에 가장 최적인 상태이지요. 더 중요한 것은 타로 상담이 끝난 후에 타로마스터는 다시 백지 상태가 되어야 합니다. 내담자의 개인적인 이야기는 기억에서 지우고 에너지 또한 백지로 만들고 끝내야 다음 상담을 할 수 있고 타로마스터 본인의 에너지로 돌아올 수 있습니다.

타로 상담은 무(無)로 시작해서 무(無)로 끝나야 합니다. 그것을 가능하게 하는 에너지가 백지 카드 2장에 담겼습니다. 타로카드 전체로 보아도 마찬가지입니다. 무(無)의 에너지인 백지 카드가 78장의 카드가 지닌 에너지의 시작과 끝이 되어 균형을 잡아줍니다. 실전 상담에서는 백지 카드가 나왔을 경우, 추가 카드 1장을 더 뽑아서 백지 카드 위에 올려놓습니다. 그리고 추가 카드의 의미가 50% 약해졌다고 생각하고 해석합니다. 에스프레소에 물을 타면 연한 커피가 되는 것과 비슷한 느낌입니다. 이것 또한 저의 방식이니 반드시 이렇게 해야 하는 것은 아닙니다.

1번.
THE MAGICIAN(마법사)

+‹((○ ✳ ○))›+

❖ 키워드
#다재다능 #언변 #능력자 #가벼움 #사기꾼 #바람둥이

❖ 그림 속 상징
머리 위의 뫼비우스 띠: 무한한 가능성과 능력
하늘과 땅을 가리키고 있는 두 손: 하늘(정신)과 땅(현실)을 연결한다는 의미
붉은색과 흰색: 사랑, 열정과 순수함
허리를 감싸고 있는 뱀(우로보로스): 무한한 변화와 능력을 의미

메이저 1번 THE MAGICIAN(마법사) 카드는 중세 시대의 마법사, 현대로 와서는 엔터테이너(연예인), 프리랜서, 강사, 전문직 등을 의미합니다. 혼자서 다양한 것을 만들어내고 처리할 수 있는 능력자입니다. 테이블 위에 놓인 동전, 컵, 칼, 나무는 4원소인 흙, 물, 바람, 불을 의미하는데, 만물을 만들어낼 수 있는 재료들입니다. 긍정적인 측면으로는 다재다능하고 1인 다역이 가능합니다. 또한 언변이 뛰어나고 임기응변이 좋습니다. 하지만 부정적인 측면으로는 가벼운 사람, 사기꾼, 바람둥이, 요란한 빈 수레일 수도 있습니다.

실제 상담 사례를 살펴보면, 사업의 동업자로서 상대가 어떤지 알아보고자 할 때 1번 THE MAGICIAN(마법사) 카드가 나왔다면 그 사람을 100% 믿기 힘들 때가 많습니다. 1번 THE MAGICIAN(마법사) 카드가 나온 사람의 말만 들으면 그럴듯하고 거창해 보이지만 실제로는 실현 가능성이 떨어질 수 있다는 점을 주의해야 합니다. 애인으로도 매력은 있으나 깊이 있는 연애가 힘들고, 바람을 피울 가능성도 있습니다.

실전 상담에서의 1번 THE MAGICIAN(마법사) 카드

1. 정말 능력 있고 센스 있는 직원을 채용했을 때 1번 THE MAGICIAN(마법사) 카드가 나왔습니다.

2. 1번 THE MAGICIAN(마법사) 카드가 나온 사업은 잘됐지만 기복이 심했습니다.

3. 남자 친구와의 관계를 물었을 때 근본을 의미하는 자리에 1번 THE MAGICIAN(마법사) 카드가 나왔는데, 결혼까지는 이어지지는 않았습니다.

내운내본 Tip

1번 THE MAGICIAN(마법사) 카드는 22장의 메이저카드 중 바람의 에너지를 대표하는 카드입니다. 바람은 가볍고 속도감이 있습니다. 형체가 없기 때문에 자유롭고 변화에 강합니다. 대신 안정된 느낌이 떨어지고 꼼꼼함과 디테일이 부족합니다. 이렇듯 1번 THE MAGICIAN(마법사) 카드는 바람의 에너지가 뚜렷합니다. 이런 에너지의 흐름은 사람에게만 적용되는 것이 아니라 일이나 사랑에도 적용이 가능합니다.

'1'이라는 숫자는 수비학에서 시작을 의미하는데요. 신선하거나 혁신적인 일에 잘 어울립니다. 또한 무언가를 시작하는 시점에 이 카드가 나오면 시작이 우선 경쾌하게 잘된다고 볼 수도 있습니다. 1번 THE MAGICIAN(마법사) 카드 뒤에 에너지를 안정시킬 수 있는 타로 카드가 나온다면 금상첨화입니다.

2번.
THE HIGH PRIESTESS(고위 여사제)

+‹‹○ ✳ ○››+

❖ 키워드
#직관력 #깊은 통찰 #신념 #흑백논리 #모순 #미련 #숨은 장벽

❖ 그림 속 상징
검은 기둥(Boaz): 음의 기운, 여성성, 무의식, 감성
흰 기둥(Jakin): 양의 기운, 남성성, 의식, 이성
초승달: 신비로운 에너지, 직관력
손에 든 토라(TORA): 신념, 율법, 가르침
뒤편의 베일: 비밀을 감추고 있음

메이저 2번 THE HIGH PRIESTESS(고위 여사제) 카드는 하늘의 지혜를 세상에 전하는 사람으로 내공이 강하고 깊이가 있는 여사제가 그려져 있습니다. 그녀는 오랜 기간 수행을 하면서 조용히 자신의 자리를 지키고 있으며, 자신의 감정이나 생각을 좀처럼 드러내지 않습니다.

여사제는 소신과 신념이 강한 사람으로 때론 그것이 고집이 될 수도 있습니다. 뒤에 있는 흑백 기둥은 자신의 뜻과 다른 사람은 받아들이지 않는 흑백논리를 의미합니다. 겉과 속이 다른 이중적인 마음이나 상황을 의미하는 경우도 있고, 보이지 않는 장벽이 존재할 수 있음을 암시하기도 합니다.

2번 THE HIGH PRIESTESS(고위 여사제) 카드는 일명 '수녀 카드'라고도 부르는데, 연애 상담을 할 때 이 카드가 나올 경우 솔로라면 당분간 새로운 연애가 어렵고, 커플이라면 결혼이 쉽지 않은 상황일 때가 많습니다.

실전 상담에서의 2번 THE HIGH PRIESTESS(고위 여사제) 카드

1. 지금 하고 있는 일과 정반대인 성격의 일을 하고 싶어 할 때, 2번 THE HIGH PRIESTESS(고위 여사제) 카드가 나왔습니다.

2. 헤어진 연인에 대한 미련 또는 그리움이 강하게 있을 때, 2번 THE HIGH PRIESTESS(고위 여사제) 카드가 나왔습니다.

3. 법적인 규제, 반대 세력 등 지금은 보이지 않는 장애물이 존재할 때, 2번 THE HIGH PRIESTESS(고위 여사제) 카드가 나왔습니다.

내운내본 Tip

2번 THE HIGH PRIESTESS(고위 여사제) 카드에 담긴 에너지는 눈에 보이지 않지만 판세를 좌우할 수 있는 강력한 에너지입니다. 실전 상담에서는 일을 추진하는 데 방해 요소가 되거나 결정적인 장애물로 작용하는 것으로 많이 나옵니다. 이 카드의 에너지는 쉽게 사라지지 않고 계속 안고 가야 하는 에너지인 경우가 많습니다. 현재보다는 과거 또는 근본부터 같이 온 인연, 마음, 신념입니다. 가령, 종교가 다른 남녀가 만남을 시작할 때 2번 THE HIGH PRIESTESS(고위 여사제) 카드가 나올 수 있습니다. 이 카드는 독점적으로 보유한 기술, 지식, 정보 등이 있을 때 나오기도 합니다.

3번.
THE EMPRESS(여황제)

+‹‹○ ✵ ○››+

❖ 키워드
#권위 #카리스마 #풍요 #사치 #화려함 #이기적 #모성애 #바람

❖ 그림 속 상징
옷에 그려진 석류: 임신, 풍요
비너스 기호(♀): 여성성, 매력적임, 사랑스러움
밀밭: 풍요로움, 풍족함, 비옥함
12개의 별 왕관: 12별자리, 12달, 12궁도, 지혜
흐르는 폭포: 남성적인 에너지, 생명력, 풍요

메이저 3번 THE EMPRESS(여황제) 카드는 여왕이 아니라 성별이 여성인 황제입니다. 그만큼 권위와 카리스마가 있습니다. 여황제는 아버지에게 황제 자리를 물려받았습니다. 그래서 고생을 모르고 언제나 풍요로웠습니다. 값이 비싸더라도 좋은 물건을 선호하고 화려한 것을 좋아합니다. 권위적이고 이기적인 측면이 있는 반면, 여유롭고 따뜻한 측면이 있는 등 이중적인 모습의 소유자이기도 합니다.

여황제는 어머니를 뜻하기도 하는데 내 사람이라 생각되면 모성애로 감싸줍니다. 단, 자신의 마음에 드는 사람에게만 그렇고, 마음에 들지 않으면 쳐다보지도 않습니다. 연애운 실전 상담에서는 바람을 피우는 상황에서 자주 등장합니다. 금전운 상담에서 여황제 카드는 최고의 풍요를 상징하는 카드이기 때문에 규모가 큰 사업이거나 고가의 제품을 판매할 때 좋은 결과로 이어지는 경우가 많습니다.

실전 상담에서의 3번 THE EMPRESS(여황제) 카드

1. 궁합운을 볼 때 2번 THE HIGH PRIESTESS(고위 여사제) 카드와 3번 THE EMPRESS(여황제) 카드가 함께 나왔다면 상대방에게 다른 이성이 있는 경우가 많았습니다.

2. 3번 THE EMPRESS(여황제) 카드는 임산부를 의미하기도 합니다. 그래서 상담 시 내담자가 임신 여부를 물었을 때 이 카드가 나온다면 임신 가능성이 높다고 볼 수 있습니다. 만일, 동일한 질문에서 3번 THE EMPRESS(여황제) 카드가 등장인물이 3명인 카드와 함께 나오면 '어머니, 아버지, 자녀'의 구성으로 해석되어 임신 가능성이 더 높아집니다.

3. 만약에 술집을 운영한다고 했을 때 3번 THE EMPRESS(여황제) 카드가 나왔다면 소주보다는 와인이나 양주를 판매하는 쪽이 더 어울립니다. 가격이 높고 고급스러울수록 3번 THE EMPRESS (여황제) 카드는 더 힘을 낼 수 있습니다.

내운내본 Tip

3번 THE EMPRESS(여황제) 카드는 풍요의 '끝판왕' 카드라고 부를 만큼 금전과 관련된 질문에서 나오면 긍정의 카드라고 볼 수 있습니다. 화려하고 사치스러운 에너지도 갖고 있습니다. 이러한 에너지는 2번 THE HIGH PRIESTESS(고위 여사제) 카드와 반대되는 에너지입니다. 음과 양 같은 관계입니다. 그래서 실전 상담에서 2번 THE HIGH PRIESTESS(고위 여사제) 카드와 3번 THE EMPRESS(여황제) 카드가 함께 나왔다면 가치가 충돌하는 2가지의 선택으로 고민 중이라고 볼 수 있습니다. 예를 들면 오랫동안 정이 든 애인과 설렘을 느끼게 하는 새로운 이성 사이에서 갈등하는 상황입니다. 3번 THE EMPRESS(여황제) 카드가 나오면 매력적인 사람을 만나거나 제안을 받지만 비도덕적이거나 상도에 어긋나는 경우가 종종 있습니다.

4번.
THE EMPEROR(황제)

❖ 키워드
#보수적인 #완고함 #고집 #자존심 #의지 #책임감 #냉정함 #기관 #정부

❖ 그림 속 상징
손에 들고 있는 구슬과 십자가: 권력, 남성성, 보수적
갑옷: 자기방어, 보수적, 투쟁심
수염: 연륜, 경험, 상위 에너지
붉은 옷: 열정, 활력, 힘
석좌의 숫양: 승부욕, 용기, 남성성

메이저 4번 THE EMPEROR(황제) 카드 속 황제의 모습은 보수적이고 완고해 보입니다. 뒤편의 불모지를 혼자서 다 개척하고 돌로 만든 왕좌까지 직접 만들어 황제의 자리에 앉은 자수성가형 황제입니다. 그래서 신념이 강하고, 고집과 자존심이 셉니다. 그에게는 자신의 말이 곧 법이기 때문에 이의 제기란 있을 수가 없습니다. 다른 사람들의 말은 듣지 않기 때문에 시야가 좁을 수도 있습니다.

황제는 임무를 맡으면 끝까지 밀어붙일 수 있는 에너지와 의지를 가졌습니다. 사람도 믿고 끌어주기 시작하면 끝까지 책임지려고 노력하지만, 한번 마음이 돌아서면 되돌리기가 힘듭니다. 사업이나 인간관계 측면에서는 자리 잡기까지 오랜 시간이 걸리지만 한번 자리를 잡으면 꾸준히 지속됩니다. 이 카드는 개인이 아닌, 기관이나 정부를 의미하기도 합니다.

실전 상담에서의 4번 THE EMPEROR(황제) 카드

1. 사업 상담 시 4번 THE EMPEROR(황제) 카드가 나온 경우, 차별화되거나 독점적인 아이템을 소유했거나 큰 회사 또는 기관과 연결된 경우가 많았습니다.

2. 연애 궁합운 상담 시 4번 THE EMPEROR(황제) 카드와 뒤에서 배우게 될 KING of PENTACLES(왕의 동전) 카드가 같이 나오면 상대방이 유부남인 경우가 종종 있었습니다.

3. 4번 THE EMPEROR(황제) 카드 성향인 사람은 직장 생활보다는 자기 사업을 하는 편이 더 맞는 경우가 많았습니다. 나 자체가 회사이기 때문에 회사 안으로 들어가서 일하는 게 어려웠던 것이지요.

내운내본 Tip

4번 THE EMPEROR(황제) 카드는 흙, 물, 바람, 불 4원소 가운데 흙을 대표하는 메이저카드입니다. 흙이라고 하지만 모래의 이미지가 아닌 커다란 돌산의 이미지를 떠올려야 합니다. 자리 잡는 과정에서 시간이 오래 걸리고 힘들 수 있지만, 한번 자리를 잡은 후에는 그 자리에서 오랫동안 버틸 수 있는 에너지입니다. 1번 THE MAGICIAN(마법사)이 파도를 타고 목적지를 간다면, 4번 THE EMPEROR(황제)는 파도를 뚫고 한 걸음씩 목적지로 갑니다. 1번 THE MAGICIAN(마법사)은 역풍이 불면 뒤로 쉽게 밀려나지만 4번 THE EMPEROR(황제)는 밀려나지 않습니다. 속도는 느릴 수 있으나 단단하게 앞으로 나아가는 에너지를 지닌 카드입니다.

5번.
THE HIEROPHANT(교황)

+·(((○ ✳ ○)))·+

THE HIEROPHANT

❖ 키워드
#이해 #포용 #귀인 #큰 조직 #공무원 #결혼 #전통적인 #보수적인

❖ 그림 속 상징
삼중 십자가 홀: 삼위일체, 교황권
기둥: 기둥은 바닥과 천장을 연결하는 것으로 하늘과 땅을 연결하는 것을 의미
백합: 순수함, 정신적 세계
두 사람: 지시를 따르는 사제, 답을 구하는 사제
교차된 열쇠: 하늘의 문을 여는 열쇠, 질문에 답을 주는 열쇠

메이저 5번 THE HIEROPHANT(교황) 카드 속 교황은 종교적인 선지자이자 큰 어른입니다. 사사로운 이해득실을 따지지 않고 사람을 이해하고 배려하며 포용하려고 합니다. 금전적이거나 현실적인 개념의 도움보다는 지혜를 나누어주거나 심적으로 조력자가 되는 경우가 더 많습니다.

정부 기관, 공기업, 학교, 대기업 같은 안정적이고 큰 조직을 뜻하기도 합니다. 전통을 중시하고, 규범을 중시하는 보수적인 면도 갖고 있습니다. 그래서 대체로 좋은 배경이나 높은 직함을 원하는 경우가 많습니다. 자기 홍보를 해야 하거나 영업을 하는 상황에는 불편함을 느낍니다. 연애운 상담 시 5번 THE HIEROPHANT(교황) 카드가 나오면 교황이 주례를 보는 모습으로 보고 결혼으로 해석하기도 합니다.

실전 상담에서의 5번 THE HIEROPHANT(교황) 카드

1. 5번 THE HIEROPHANT(교황) 카드는 합법적이고 도덕적인 것을 의미하는데, 이와 반대 지점에 있는 카드가 15번 THE DEVIL(악마) 카드입니다. 5번 THE HIEROPHANT(교황)와 15번 THE DEVIL(악마)이 같이 나오는 경우는 일반적이지 않은 상황입니다. 이 두 조합이 나오면 연애운 상담에서 불륜일 때가 종종 있었습니다. 사업운 상담에서는 우리에게 생소하거나 일반인은 추진하기 힘든 사업일 때가 많았습니다.

2. 5번 THE HIEROPHANT(교황) 카드가 허가, 합격, 인증과 같이 기관이나 정부로부터 인정을 받아야 하는 상황에서 나오면 긍정적인 결과로 이어지는 경우가 많았습니다.

3. 5번 THE HIEROPHANT(교황) 카드는 규칙, 절차, 관습이

엄격할 때 나오기도 합니다. 그런 것들을 따를 때는 문제가 없지만 어길 시에는 문제가 생기는 경우가 많았습니다.

내운내본 Tip

5번 THE HIEROPHANT(교황) 카드는 신국의 왕으로 메이저카드 중에 4번 THE EMPEROR(황제) 카드와 더불어 가장 큰 어른 카드라고 할 수 있습니다. 그렇기 때문에 직위가 높거나, 큰 규모의 일을 추진할 때 이 카드가 나오면 더욱 진가를 발휘합니다. 돈보다는 명예, 양심, 규범 등을 더 소중하게 생각할 수도 있습니다. 연애운 상담에서 결혼을 전제로 할 때 이 카드가 나오면 좋습니다. 직장운 상담에서는 대기업, 공기업, 정부에서 일할 때 이 카드가 나오면 좋습니다. 반대로 돈은 벌지만 사회적으로 인정받지 못하거나 비판받는 일은 맞지 않습니다. 겉으로 보이는 것을 중요시하기 때문에 높은 수준을 추구하는 카드입니다.

6번.
THE LOVERS(러버)

+‹《○ ✦ ○》›+

THE LOVERS

❖ 키워드
인간관계를 묻는 질문일 때: #감성적 #순수함 #호감 #사랑 #신뢰
비즈니스, 학업 등을 묻는 질문일 때: #모호함 #불확실 #분위기는 좋음

❖ 그림 속 상징
천사: 라파엘, 사랑, 치유
천사의 붉은색 날개: 열정, 의지
발가벗은 상태: 순수함, 솔직함, 개방성
뱀: 이브를 유혹한 뱀, 유혹, 악마
산: 음양의 조화, 안락함, 편안함

6번 THE LOVERS(러버) 카드는 이름 그대로 사랑의 카드입니다. 애정 관계에서는 불같은 사랑보다 신뢰와 존중을 바탕으로 하는 사랑을 의미합니다. 인간관계에서는 머리로 이해타산을 계산하기보다 순수한 마음으로 품어주는 좋은 관계로 발전하고 있음을 의미합니다. 이해관계가 없는 애정이나 인간관계에서 6번 THE LOVERS(러버) 카드가 나오면 긍정적이라고 볼 수 있습니다.

하지만 비즈니스나 시험 준비처럼 결과가 명확해야 하는 현실적인 질문에서 6번 THE LOVERS(러버) 카드가 나온다면 이야기가 다릅니다. 이성보다는 감성의 카드이기 때문에 성취나 성공의 측면에서는 불확실한 경우가 많습니다. 그래서 분위기는 좋을 수 있으나 방심하지 말고 끝까지 지켜봐야 할 필요가 있습니다.

실전 상담에서의 6번 THE LOVERS(러버) 카드

1. 6번 THE LOVERS(러버) 카드가 비즈니스 관계 상담에서 나오면 현재의 기대치보다 결과가 낮게 나오거나 다르게 나올 때가 많았습니다. 상황을 냉정하게 보지 못하고 감정적으로 판단하는 에너지이기 때문입니다.

2. 6번 THE LOVERS(러버) 카드가 연인 관계가 아닌 직장 동료나 사회적 관계에 대한 질문에서 나왔다면 사람 대 사람으로 정을 나누고 친분이 깊은 관계일 때가 많았습니다. 이런 경우는 직급이나 관계 구조를 떠나서 인간적인 부탁을 해도 괜찮은 결과가 나왔습니다.

3. 6번 THE LOVERS(러버) 카드가 2번 THE HIGH PRIESTESS(고위 여사제) 카드와 같이 나오는 경우도 있습니다. 두 카드는 상반된 에너지를 갖고 있습니다. 그런데 실전 상담에서 두 카드

가 함께 나오면 연인 관계에서는 마음과 영혼이 맞는 관계인 경우가 많았습니다. 비즈니스에서는 마니아를 대상으로 시작해서 대중화되는 경우가 많았습니다.

내운내본 Tip

6번 THE LOVERS(러버) 카드는 4원소 가운데 물을 대표하는 메이저 카드입니다. 물은 감성, 마음, 애정의 에너지를 상징합니다. 물은 적당한 온도에서는 사람을 편안하게 해주지만 온도가 너무 뜨겁게 올라가면 사람을 다치게 합니다. 같은 맥락으로 6번 THE LOVERS(러버)가 지나치게 과열되면 15번 THE DEVIL(악마)로 변하게 됩니다. 뒤에 나올 15번 THE DEVIL(악마) 카드의 그림을 살펴보면 두 카드의 구도는 같습니다. 단지 15번 THE DEVIL(악마) 카드의 배경에는 악마가, 6번 THE LOVERS(러버) 카드의 배경에는 천사가 그려졌다는 큰 차이가 있습니다. '15'라는 숫자를 풀어보면 '1+5=6'이 됩니다. 6번 THE LOVERS(러버) 카드의 상징인 사랑, 애정, 관심이 지나치면 15번 THE DEVIL(악마) 카드의 상징인 집착, 질투, 중독이 될 수도 있음을 암시하기 위해 구도와 숫자를 연결해놓은 것입니다.

7번.
THE CHARIOT(전차)

❖ 키워드
#목표 의식 #열정적 #추진력 #시야가 좁음 #끈기 부족 #바쁨 #타이밍 중요

❖ 그림 속 상징
흑백 스핑크스: 음과 양, 정신과 육체, 사랑과 증오
마차: 이동, 추진력, 활동성
이마의 8각별: 우주의 에너지, 혁신, 명예
마차에 그려진 날개 달린 원반: 승리, 지배, 신성
마차에 그려진 팽이: 생산력, 남성성과 여성성의 합일

메이저 7번 THE CHARIOT(전차) 카드는 젊은 청년이 전차를 타고 돌진하려는 모습입니다. 목표가 생기면 불같은 열정으로 달려가는 에너지를 갖고 있습니다. 실행력은 최고이지만, 목표만 보고 달리기 때문에 주변 상황을 고려하지 못하고 시야가 좁아지는 경우가 종종 생깁니다. 불의 에너지를 대표하는 메이저카드로 승부욕이 강하고 다혈질적인 성향을 상징하기도 합니다.

정면에 보이는 흑백의 스핑크스는 적 아니면 동지와 같은 극단적인 면이 있음을 보여줍니다. 처음에는 호기롭게 시작하지만 끈기나 인내심 부족으로 시작에 비해 끝이 미약할 수 있습니다. 7번 THE CHARIOT(전차) 카드가 나오면 실제로 바쁘게 움직이게 되기 때문에 체력적으로 지칠 수 있습니다. 머리로 생각하기보다 행동해야 함을 암시하기도 합니다. 7번 THE CHARIOT(전차) 카드는 폭발력은 있지만 끈기는 없는 에너지의 카드이기 때문에 이 카드가 나오면 단기 프로젝트에 강하고 치고 빠지는 타이밍이 중요합니다.

실전 상담에서의 7번 THE CHARIOT(전차) 카드

1. 사업운 상담에서 7번 THE CHARIOT(전차) 카드가 나오면 꾸준하게 일정한 수익을 내는 흐름보다는 특정 시점에 큰 수익을 내는 흐름을 보일 때가 많았습니다. 또는 장기적으로 준비하기보다는 단기적으로 끊어서 진행하는 일이 많았습니다.

2. 연애운 상담에서 7번 THE CHARIOT(전차) 카드가 나오면 처음에는 불같이 사랑하지만 시간이 흐르면서 마음이 급격히 식어가는 경우가 종종 있었습니다.

3. 내담자가 7번 THE CHARIOT(전차) 카드를 뽑았을 경우, 실제로 바쁘게 움직이고 밖으로 다니게 되는 경우가 많았습니다. 고정된 월급을 받는 직장인의 경우에는 바빠지는 것 때문에 싫다고 하는 경우도 보았습니다.

내운내본 Tip

7번 THE CHARIOT(전차) 카드는 불의 에너지를 대표하는 메이저카드입니다. 불은 열정, 실행력, 일을 의미합니다. 불은 짧은 시간 안에 확 타오르고 꺼지는 성질을 갖고 있지요. 7번 THE CHARIOT(전차) 카드에는 차분하게 준비하고 단계를 밟아가는 것이 아니라 목표를 단기간에 달성하려는 에너지가 담겨 있습니다. 전쟁터의 전사라고 생각하면 됩니다. 7번 THE CHARIOT(전차) 카드와 함께 나왔을 때 불의 에너지가 증폭되는 카드들은 다음과 같습니다. 메이저 3번 THE EMPRESS(여황제), 메이저 15번 THE DEVIL(악마), 메이저 17번 THE STAR(스타), KNIGHT of WANDS(기사의 나무), KING of WANDS(왕의 나무) 카드입니다. 이 카드들이 실전 상담에서 메이저 7번 THE CHARIOT(전차) 카드와 함께 나올 경우 불의 에너지가 강력하게 작동한다고 생각하면 해석에 도움이 됩니다.

8번.
STRENGTH(인내)

❖ 키워드
#내공 #인내 #노력 #온화 #확고 #답답 #불편

❖ 그림 속 상징
사자: 열정, 용기, 강한 에너지
흰색 옷: 순수함, 신성, 진실, 영성
꽃으로 만든 화관과 허리띠: 아름다움, 내적인 힘, 자연스러움
머리 위의 뫼비우스 띠: 무한대, 영원함, 초월의 힘
여자가 사자를 보고 있는 자세: 피하지 않고 맞섬

메이저 8번 STRENGTH(인내) 카드를 보면 여성이 갑옷과 무기 없이 사자를 아이 다루듯 대하는 모습이 그려져 있습니다. 여성의 강한 내공이 사자를 꼼짝 못하게 하고 있는 것입니다. 그 내공은 오랜 기간 인내와 노력으로 만들어졌습니다. 8번 STRENGTH(인내) 카드가 나오면 어렵고 힘든 상황을 참고 있는 경우가 많습니다. 그래서 연애 궁합운을 볼 때 이 카드가 나오면 드러내놓고 말하지 못할 뿐 상대에게 불편한 것이 있는 상태일 때가 많았습니다. 8번 STRENGTH(인내) 카드의 인내와 기다림의 시간은 내적 성장에 도움이 되지만, 내담자는 현재 답답함을 느끼는 중입니다. 또한 이 카드는 운보다는 노력과 실력으로만 평가를 받을 것이라는 암시를 줄 때도 있습니다. 그래서 운이 필요하거나 요행을 원한다면 아쉽게도 그 부분은 뜻대로 되지 않는 경우가 많았습니다. 종합하자면 긍정적인 측면으로는 수행을 통해 자신의 영역을 만들어나가는 흐름이고, 부정적인 측면으로는 뜻대로 되지 않고 어쩔 수 없이 참아야 하는 흐름입니다.

실전 상담에서의 8번 STRENGTH(인내) 카드

1. 8번 STRENGTH(인내) 카드는 실전 상담에서 긍정보다는 부정의 상황일 때 자주 나왔습니다. 요즘 사람들은 무엇이든 빨리 되어야 한다는 조급함이 있는데 8번 STRENGTH(인내) 카드가 상징하는 바는 그와는 반대의 흐름이기 때문입니다. 그래서 특히 성격이 급한 분들에게는 더 답답함을 느끼게 만드는 카드입니다.

2. 오랜 기간 준비해야 하는 시험, 연구, 프로젝트를 앞두고 있거나 준비하는 가운데 8번 STRENGTH(인내) 카드가 나온다면 상황에 맞는 카드가 나온 것입니다. 이 카드가 나오면 내담자는 겨울에

움츠려 있던 꽃이 봄이 되면 개화하듯이 때가 되면 그의 내공이 세상에 드러나고 인정받게 됩니다.

3. 8번 STRENGTH(인내) 카드는 귀인 또는 운의 도움 없이 순수한 나의 노력과 실력으로만 평가를 받음을 가리키는 카드입니다. 그래서 운의 방해도 없습니다. 지금 나의 실력이 충분한 수준이라면 결과도 긍정적일 것입니다. 그러나 외부의 도움이나 운 없이는 어려운 상황이라면 원하는 시점에 긍정적인 결과를 기대할 수 없습니다.

내운내본 Tip

8번 STRENGTH(인내) 카드는 외면보다는 내면에 집중하는 에너지가 담긴 카드입니다. 바로 뒤에 나올 9번 THE HERMIT(은둔자) 카드와 같이 나올 경우, 내면의 깊이는 깊어질 수 있지만 일의 진행 속도가 느리고 타인들의 관심을 일정 기간 동안 받지 못할 수 있습니다. 혼자서 작품을 쓰거나 공부를 하는 경우에 이 2장의 카드가 나왔다면 맞는 흐름으로 가고 있다고 볼 수 있습니다. 하지만 많은 사람들이 관심을 갖고 방문이나 구매를 해줘야 하는 경우라면 어려움이 생길 수도 있습니다.

9번.
THE HERMIT(은둔자)

❖ 키워드
#수행 #도인 #연구 #전문성 #고립 #시야가 좁음 #생각이 많음 #자아성찰

❖ 그림 속 상징
마음을 향해 감은 눈: 내면에 집중함
등불: 정신을 집중함, 어둠을 밝혀줌
긴 지팡이: 내적인 힘, 물질화 하는 능력, 현자
수염: 연륜, 권위
회색 옷: 무(無), 신비함, 침묵, 무기력

메이저 9번 THE HERMIT(은둔자) 카드는 산에서 수행하는 도인이나 큰스님의 느낌이라고 생각하면 됩니다. 수십 년간 도를 닦았기에 내공은 깊지만 한 분야만 보고 있기 때문에 시야가 좁고, 다른 사람의 이야기를 잘 듣지 않는 성향이 있습니다. 한 우물을 깊게 파고들어가는 유형으로 전문가나 마니아에 가까운 성향도 있습니다. 그래서 다수와 어울리거나 대중성을 띠는 것이 어렵습니다. 혼자서 생각을 많이 하기 때문에 안 해도 되는 걱정과 시나리오를 만들어내기도 합니다. 여러 방면으로 생각을 많이 하기 때문에 실행력은 떨어지는 편입니다. 9번 THE HERMIT(은둔자) 카드의 이런 성향을 연애에 적용해보면 솔로가 더 편한 사람일 것입니다. 마음의 문을 열기 쉽지 않고 한번 사람을 만나면 오래 만나는 경우가 많았습니다. 비즈니스에 적용하자면 전문성을 갖고 차별화된 아이템으로 승부하거나 마니아 시장에서 성공할 가능성이 높을 것입니다.

9번 THE HERMIT(은둔자) 카드는 혼자만의 시간을 가지고 자아성찰을 할 필요가 있을 때 나오는 카드이기도 합니다.

실전 상담에서의 9번 THE HERMIT(은둔자) 카드

1. 9번 THE HERMIT(은둔자) 카드는 소위 말해 '4차원'적인 면이 강한 카드입니다. 긍정적으로 풀리면 독보적이거나 창의적인데, 부정적으로 풀리면 자기만의 세상에 갇혀 있는 경우입니다. 그래서 일을 시작할 때부터 자신에게 맞고 앞으로 비전이 있는 분야로 가는 것이 중요합니다.

2. 9번 THE HERMIT(은둔자) 카드는 일명 '스님 카드'로 연애운 상담에서 나올 경우 반갑지 않은 카드입니다. 혼자가 편하고, 마음이 통하고 궁합이 맞는 사람이 좀처럼 없을 때 나오는 카드이기

때문입니다. 연애 솔로운을 보는데 만일 9번 THE HERMIT(은둔자) 카드와 2번 THE HIGH PRIESTESS(고위 여사제) 카드가 함께 나왔다면 스님과 수녀 카드가 함께 나왔으므로 솔로 기간이 길어질 것을 암시합니다.

3. 9번 THE HERMIT(은둔자) 카드는 여러 사람들과의 어울림이나 협력이 어려움을 암시하는 카드입니다. 따라서 이 카드가 나왔다면 혼자서 모든 과정을 다 하는 것이 더 효율적입니다. 작가, 연구원, 회계사, 전문 분야 크리에이터처럼 독립된 영역에서 하나부터 열까지 전체 과정을 다 하는 일을 할 때 잘하는 경우가 많았습니다.

내운내본 Tip

9번 THE HERMIT(은둔자) 카드는 내면에 집중하는 카드로 겉으로 보이는 것이 중요한 요즘 시대에 맞지 않는 카드라고 생각할 수 있습니다. 실전 상담에서도 본인이 가진 실력이나 능력에 비해 현실에서는 인정받지 못하고 돈과는 거리가 멀 때가 종종 나오는 카드입니다. 하지만 9번 THE HERMIT(은둔자)가 만일 1번 THE MAGICIAN(마법사) 같은 뛰어난 마케터를 만나면 세상을 놀라게 할 콘텐츠, 제품, 서비스를 만들 수도 있습니다. 공부하는 학생, 연구 개발직에서 일하는 사람이 자신의 일에 대한 질문을 던졌을 때 9번 THE HERMIT(은둔자) 카드가 나오면 제대로 된 길을 가고 있다고 볼 수 있습니다.

10번.
WHEEL of FORTUNE(운명의 수레바퀴)

❖ 키워드
#환경과 사람의 영향력 #질긴 인연 #첫바퀴 #변동수 #미련 #재회

❖ 그림 속 상징
바퀴 안의 ROTA: 중세어로 수레바퀴, 윤회를 의미, 'TARO'라고 볼 수도 있음
스핑크스: 운명의 수레바퀴를 다루는 힘과 지혜
바퀴: 역동성, 시간의 흐름, 인과관계, 주기
모퉁이의 천사(사람), 독수리, 사자, 황소: 점성술의 고정궁(fixed sign)인 물병자리,
황소자리, 사자자리, 전갈자리(독수리로 표현), 4원소를 의미
아누비스: 저승 세계로 인도하는 자, 차원의 이동
노란 뱀: 지혜, 유혹, 타락

메이저 10번 WHEEL of FORTUNE(운명의 수레바퀴) 카드는 처음으로 인물이 등장하지 않는 카드로 '운'을 의미합니다. 운은 지상의 운과 하늘의 운으로 나눌 수 있는데, 10번 WHEEL of FORTUNE(운명의 수레바퀴) 카드는 지상의 운, 즉 주변 환경과 사람의 영향력을 의미합니다.

운명의 수레바퀴에 들어간 인연은 쳇바퀴 돌 듯 오래가는 인연이 됩니다. 이 인연의 굴레를 멈추거나 거기서 빠져나오려면 강한 의지가 있어야 합니다. 여기서 인연이란 가볍게는 지인과의 인연부터 깊게는 가족, 국적, 직장 등을 말합니다.

운이란 내가 만드는 능동의 영역보다는 나에게 다가오는 수동의 영역이 더 큽니다. 이 카드가 나오면 주변 환경에 변화가 있을 것이고, 가만히 있으면 수레바퀴의 흐름에 자연스럽게 묻어서 흘러가게 됩니다. 바퀴가 돌고 돌아서 원점으로 오는 움직임은 기존의 인연으로 돌아가게 되는 것을 의미하기도 합니다. 만일 헤어진 연인이 다시 돌아오기를 바랄 때 이 카드가 나왔다면 재회할 가능성이 높다고 볼 수 있습니다. 운 영역에 대한 카드이기 때문에 추가 카드를 뽑아서 해당하는 운이 다가오는 시기를 볼 수도 있습니다.

실전 상담에서의 10번 WHEEL of FORTUNE(운명의 수레바퀴) 카드

1. 10번 WHEEL of FORTUNE(운명의 수레바퀴) 카드는 주변 환경이 바뀔 때 자주 나오는 카드입니다. 환경이 바뀐다는 것은 운이 바뀔 수 있음을 의미합니다. 10번 WHEEL of FORTUNE(운명의 수레바퀴) 카드가 나왔다면 내가 어떤 기준을 갖고 선택을 하는지에 따라서 오랜 기간의 운이 결정됩니다. 운의 영역이기 때문에

그 시기를 추가 카드를 뽑아서 볼 수 있습니다.

2. 10번 WHEEL of FORTUNE(운명의 수레바퀴) 카드는 질긴 인연을 의미합니다. 질문자가 오랫동안 함께하고 싶은 사람이나 직장에 대해 물었을 때 이 카드가 나왔다면 매우 긍정적으로 볼 수 있습니다. 반대로 이별하거나 관계를 정리하고 싶은데 10번 WHEEL of FORTUNE(운명의 수레바퀴) 카드가 나왔다면 헤어짐의 과정이 쉽지 않음을 의미합니다.

3. 10번 WHEEL of FORTUNE(운명의 수레바퀴) 카드는 무의식 속에 있는 강한 미련을 의미하기도 합니다. 언젠가는 내가 돌아가고자 하는 곳이나 나를 붙잡고 있는 과거의 기억이 있음을 암시합니다. 그래서 메이저 2번 THE HIGH PRIESTESS(고위 여사제) 카드처럼 강한 미련의 카드가 같이 나오는 경우, 원래의 상태로 다시 돌아갈 가능성이 큽니다.

내운내본 Tip

10번 WHEEL of FORTUNE(운명의 수레바퀴) 카드와 15번 THE DEVIL(악마) 카드가 같이 나오는 경우, 지상의 운과 하늘의 운이 동시에 붙잡고 있는 형상입니다. 이런 경우 현재의 상태에서 거의 벗어나지 못한다고 볼 수도 있습니다. 예를 들어 이혼을 하고 싶은데 이 2장의 카드가 함께 나온다면 어떤 이유에서든 이혼이 힘들다고 봐야 합니다. 이혼할 수 없는 것 때문에 불행한 일상을 살기보다는 이혼에 대한 미련은 내려놓고 현 상태에서 어떻게 행복하게 살지를 생각하는 것이 현명합니다. 이 2장의 카드가 나올 정도의 사람이나 직업은 우리가 모르는 강력한 인연의 끈으로 연결된 관계라고 볼 수 있습니다.

11번.
JUSTICE(정의)

+‹‹○ ✳ ○›〉+

JUSTICE

❖ 키워드
#냉정 #이성 #공정함 #선택과 포기 #법적 이슈 #정리

❖ 그림 속 상징
저울: 균형, 객관성, 공평, 공명정대
칼: 단호함, 냉정함, 강력함
보라색 베일: 신비로움, 비밀스러움
왕관: 지위, 권한, 힘
붉은색 옷: 용기, 열정
밖으로 나온 오른쪽 발(좌뇌의 지시를 받음): 이성적임, 논리적임

메이저 11번 JUSTICE(정의) 카드를 보면 그림 속 인물이 저울과 칼을 들고 있습니다. 저울은 공정하고 이성적인 판단을, 칼은 단호한 결단과 실행을 의미합니다. 감성적인 측면보다 냉정하고 이성적인 측면이 강한 카드입니다. 보통 11번 JUSTICE(정의) 카드가 나오면 냉정한 판단을 내렸거나 곧 내리게 됨을 암시합니다. 이렇게 내려진 판단은 번복되지 않는 경우가 많습니다. 저울 위에 놓인 2개의 접시는 중요한 하나를 선택하고 나머지 하나는 포기함을 의미합니다. 이 카드가 나오면 가령, '회사를 계속 다닐지 그만둘지', 연애 중이라면 '상대방을 계속 만날지 헤어질지'처럼 A와 B 중 하나를 선택해야 하는 양자택일의 상황에 놓인 경우가 많습니다. 11번 JUSTICE(정의) 카드에서 칼과 저울은 법원에서 볼 수 있는 상징입니다. 그래서 이 카드가 나올 경우 법적인 이슈가 생기는 경우가 많았습니다. 남녀 관계에서 법적 이슈로는 결혼 또는 이혼이 대표적인데 이에 대해서는 내담자의 질문과 주변 카드를 통해서 알 수 있습니다.

실전 상담에서의 11번 JUSTICE(정의) 카드

1. 이별이나 퇴사처럼 주변 관계를 정리한 후에 11번 JUSTICE(정의) 카드가 나왔다면 내담자의 마음이 다시 되돌아갈 가능성이 낮았습니다. 순간적인 감정으로 결정한 것이 아니고 냉정하게 상황을 정리한 것이기 때문입니다. 그래서 재회를 바라며 상대방이 현재 나를 생각하는 마음이 어떤지 궁금하여 카드를 뽑았을 때 11번 JUSTICE(정의) 카드가 나왔다면 연락을 먼저 해도 상대방이 받지 않을 가능성이 높습니다.

2. 11번 JUSTICE(정의) 카드는 문서와 관련된 일이 있을 때 자

주 나옵니다. 예를 들면 법적인 소송, 부동산 매매 계약, 혼인 또는 이혼 서류 작성 등이 대표적입니다. 11번 JUSTICE(정의) 카드가 나올 경우의 특징은 문서 관련 업무가 시간을 끌지 않고 가까운 시일 내에 깔끔하게 마무리된다는 것입니다. 그 결과가 긍정적인지 부정적인지는 주변의 다른 카드와의 조합을 통해 알 수 있습니다.

3. 11번 JUSTICE(정의) 카드가 나올 때 결정권자는 내담자인 경우가 많았습니다. 예를 들어 11번 JUSTICE(정의) 카드가 나온 이후에 퇴사하는 경우, 다른 제안을 받았거나 본인이 추구하는 바를 위해서 자발적으로 퇴사하는 경우가 많았습니다.

내운내본 Tip

11번 JUSTICE(정의) 카드가 금전운 상담에서 나오는 경우, 거래나 관계가 명쾌하게 매듭지어집니다. 조건이 맞으면 성사가 되고, 안 맞으면 성사가 안 되는 식이지요. 이때 인간적인 소통이나 정으로 해결하려고 들면 일이 더욱 곤란해지는 경우가 많았습니다. 11번 JUSTICE(정의) 카드가 연애운 궁합을 볼 때 나오면 결혼과 이혼이라는 양극의 의미로 해석이 됩니다. 이 카드가 메이저 5번 THE HIEROPHANT(교황), 마이너 4번 나무, 마이너 10번 컵처럼 결혼을 의미하는 카드와 함께 나오면 상대방과 결혼한다고 해석하면 됩니다. 내담자가 이혼이 가능한지 물어봤을 때 11번 JUSTICE(정의) 카드와 함께 메이저 0번 THE FOOL(바보), 메이저 13번 DEATH(죽음), 백지 카드처럼 결혼 관계가 끝났음을 암시하는 카드들이 함께 나오면 이혼을 하게 된다고 볼 수 있습니다. 보통 이혼 질문에서 11번 JUSTICE(정의) 카드가 나오면 이혼이 가능한 경우가 많았습니다.

12번.
THE HANGED MAN(매달린 남자)

❖ 키워드
#신념 #가치관 #고집 #융통성 없음 #책임감 #끈기 #미련

❖ 그림 속 상징
매달린 모습: 희생, 헌신
후광(Halo): 성스러움, 깨달음
꼬아놓은 발: 숫자 4를 거꾸로 한 형태, 4는 안정과 질서를 의미하는데
이것을 깨면서 깨달음을 얻고자 하는 것을 의미

12번 THE HANGED MAN(매달린 남자) 카드는 일명 '순교자 카드'라고 부릅니다. 십자가에 못 박힌 예수님 혹은 십자가에 거꾸로 매달려 죽음을 맞이한 베드로를 상징하기도 합니다. 처형을 당하는 상황임에도 불구하고 남자의 표정은 온화하고 머리 뒤에서는 밝은 후광이 빛나는 것을 볼 수 있습니다. 이는 강한 신념과 가치관을 갖고 있음을 의미합니다. 12번 THE HANGED MAN(매달린 남자) 카드는 한번 자리를 잡으면 좀처럼 변하지 않는 에너지의 카드로 책임감이 강하고 끈기가 있음을 가리킵니다. 하지만 고집이 세고 융통성이 부족하기도 합니다. 금전운 상담에서 이 카드가 나오면 자리를 잡기까지 시간은 걸리지만 한번 자리 잡으면 오랜 기간 안정적입니다. 자리를 잡은 후에는 확장이나 변경이 어렵고 잘못 움직이면 전체가 망가지기도 합니다. 인간관계나 연애 궁합운 측면에서는 오래가고 한결같은 인연이지만 상대에 따라서 지루하거나 답답하다고 느낄 수 있습니다.

실전 상담에서의 12번 THE HANGED MAN(매달린 남자) 카드

1. 12번 THE HANGED MAN(매달린 남자) 카드에 그려진 인물을 십자가에 거꾸로 매달려 돌아가신 성인(聖人) 베드로라고 본다면, 제1대 교황도 베드로였기 때문에 12번 THE HANGED MAN(매달린 남자) 카드와 5번 THE HIEROPHANT(교황) 카드 속 인물이 같은 사람이라고 볼 수도 있습니다. 직장이나 인간관계 주제에서 이 2장의 카드가 나왔다면 천직, 천생연분이라고 말할 수 있을 정도로 오래가는 경우가 많았습니다.

2. 12번 THE HANGED MAN(매달린 남자) 카드가 사업 주제

에서 현재 위치에 나오는 경우, 이미 자리를 잘 잡은 사업인 경우가 많았습니다. 예를 들면 내담자가 오랜 기간 유지해온 식당, 확실한 납품처가 있는 공장 등을 운영하곤 했습니다. 그런데 이 카드가 나온 경우 현 상태를 유지하는 것은 가능하지만 확장이나 성장은 어려웠습니다.

3. 12번 THE HANGED MAN(매달린 남자) 카드는 고집이 대단히 강한 카드입니다. 상대방이 나를 생각하는 마음을 물었을 때 이 카드가 나왔다면 그의 마음은 진심입니다. 그런데 잘해주는 방식이 자기만족을 위한 방식인 경우가 있었습니다. 가령, 시어머니가 매일 결혼한 아들 집에 와서 청소와 빨래를 해주는 식입니다. 며느리 입장에서는 안 오셨으면 좋겠다고 생각하지만 선뜻 말하기가 어렵습니다. 선의의 호의도 상대방이 불편하면 강요가 될 수 있습니다.

내운내본 Tip

12번 THE HANGED MAN(매달린 남자) 카드는 환경과 시대에 따라서 삶의 결과가 양극단으로 나뉘는 경향이 있습니다. 12번 THE HANGED MAN(매달린 남자) 카드가 나오면 자기만의 세계관을 만들고 그 안에서 성장하는 경우가 많은데요. 그 세계관이 사람들에게 인정받는 경우 사회적으로 크게 성공하게 됩니다. 예를 들면 웹툰 작가, 유튜버, 게임 개발자, 요리사 등이 자신만의 영역을 구축해서 대중화에 성공하는 경우이지요. 그런데 시대와 환경이 맞지 않아 세상 밖으로 나오지 못하는 경우 경제적으로 힘든 삶을 살 수도 있습니다. 실전 상담에서 12번 THE HANGED MAN(매달린 남자) 카드가 나왔다면 환경과 운 카드를 주의 깊게 보고 미래를 예측해야 됩니다.

13번.
DEATH(죽음)

+‹‹(○ ✦ ○)›·+

❖ 키워드
#죽음 #큰 변화 #숙명 #새로운 시작 #끝 #이별 #이직 #취업

❖ 그림 속 상징
흰 장미, 백마: 검은색과 대비하여 죽음을 강조
쓰러진 사람들: 종결, 숙명
떠오르는 태양: 새로운 시작, 윤회
교황: 항복, 받아들임, 새로운 시작

메이저 13번 DEATH(죽음) 카드는 말 그대로 죽음의 타로카드입니다. 흰 말을 타고 있는 사신(저승사자) 앞에 교황, 황제, 여왕, 왕자가 쓰러져 있거나 자비를 구하고 있습니다. 죽음이란 지위 고하를 막론하고 피할 수 없는 숙명입니다. 그래서 실전 상담에서는 피할 수 없는 이별, 해고, 탈락 등의 부정적인 의미로 해석할 수 있습니다. 타로카드를 공부하기 전이라면, 이 카드가 상담 중에 나올 경우 섬뜩할 것입니다. 하지만 죽음 카드가 꼭 나쁜 것만은 아닙니다. 최악의 상황에서는 13번 DEATH(죽음) 카드가 최고의 카드일 수도 있습니다. 현재의 나쁜 상황이 180도 변화될 것임을 의미하기 때문입니다. 사신과 교황의 뒤편을 보면 태양이 떠오르는 모습을 볼 수 있습니다. 모든 것이 끝나고 새롭게 시작됨을 의미합니다. 끝과 시작, 시작과 끝은 같은 순간에 이루어집니다. 13번 DEATH(죽음) 카드가 암시하는 큰 변화는 반드시 오기 때문에 피할 수 없습니다. 우리는 그저 받아들일 뿐입니다.

실전 상담에서의 13번 DEATH(죽음) 카드

1. 연애를 오랫동안 안 했거나 모태 솔로인 사람이 연애 솔로운 상담을 받았을 때 가까운 미래 카드로 13번 DEATH(죽음) 카드가 나온다면 매우 긍정적입니다. 오랜 기간의 솔로 생활이 끝나고 새로운 연애가 시작될 것임을 암시하기 때문입니다.

2. 3년 동안 공무원 시험을 준비해온 사람이 시험의 결과를 물었을 때 13번 DEATH(죽음) 카드가 나왔다면 이번 시험이 마지막임을 암시합니다. 합격이라면 더 이상 시험 준비를 할 필요가 없고, 불합격이어도 더 이상 공부하지 않을 것임을 의미합니다. 이번 시험을 마지막이라고 생각하면서 준비 중이라고 볼 수 있습니다. 합

격과 불합격 여부는 다른 카드와의 조합으로 볼 수 있습니다. 가령, 5번 THE HIEROPHANT(교황) 카드와 같이 나왔다면 합격, 0번 THE FOOL(바보) 카드와 같이 나왔다면 불합격으로 예측이 가능합니다.

3. 타로카드로 건강 상담을 하지 않는 이유 중 하나는 13번 DEATH(죽음) 카드 때문입니다. 보통 건강에 대해 염려할 때 그와 관련된 질문을 하기 마련입니다. 그런데 만일 암 수술을 앞둔 사람이 건강 주제 상담에서 13번 DEATH(죽음) 카드를 뽑아서 보게 된다면 무의식에 죽음의 공포심이 심어질 것입니다. 그러나 13번 DEATH(죽음) 카드는 사람의 죽음이 아닌 암세포의 죽음으로 성공적인 수술을 암시하는 것일 수도 있습니다.

내운내본 Tip

13번 DEATH(죽음) 카드가 실전 상담에서 나올 때는 내담자가 던진 질문 주제에 한정해서가 아니라 인생 전체의 관점에서 큰 변화가 나타날 수도 있습니다. 예를 들면 직장운 상담에서 맥락에 맞지 않게 13번 DEATH(죽음) 카드가 불쑥 나온다면 해석이 어려울 것입니다. 이런 경우 직장에서의 이슈가 아닌 개인의 이슈일 가능성이 있습니다. 여성인 경우 임신으로 육아휴직을 하게 된다면 직장인으로서의 입장에서는 갑작스럽게 일을 중단하는 셈이기 때문에 이 카드가 나올 수 있지요. 13번 DEATH(죽음) 카드가 가리키는 변화는 그 변화의 양상이 긍정이든 부정이든 반드시 옵니다. 그런데 이 변화는 당장 피부로 와닿는 변화는 아니기 때문에 시간이 지나서야 큰 변화였음을 인지하는 경우가 많습니다.

14번.
TEMPERANCE(절제)

❖ 키워드
#절제 #신중함 #고민 #이동수 #2가지 선택권 #간 보는 중

❖ 그림 속 상징
천사: 미카엘, 신성함, 보호
발의 위치: 감성과 이성, 의식과 무의식
2개의 컵: 조화, 균형, 조정, 절제
왕관: 깨달음, 환희

메이저 14번 TEMPERANCE(절제) 카드에서 천사의 발은 물 (감성, 무의식)과 땅(이성, 의식)에 각각 한 발씩 대고 있습니다. 이것은 이성(의식)과 감성(무의식) 사이에서 신중하게 생각함을 의미합니다. 14번 TEMPERANCE(절제) 카드는 중재 또는 조정의 역할에서는 한쪽에 치우치지 않고 역할을 잘해낼 수 있음을 가리킵니다. 반면에 생각이 많기 때문에 추진력이나 과감성은 떨어집니다. 2개의 컵을 들고 있는 모습은 2가지의 선택을 놓고 고민함을 의미하기도 합니다. 컵의 물이 위아래로 움직이는 것은 이직이나 이동을 뜻하기도 합니다.

14번 TEMPERANCE(절제) 카드는 돌다리도 두들겨보고 가는 흐름으로 보이나 아직까지는 확신이 없을 때 나옵니다. 하지만 고민의 시간이 길어지면서 기존의 상태를 유지하는 경우가 많습니다.

실전 상담에서의 14번 TEMPERANCE(절제) 카드

1. 14번 TEMPERANCE(절제) 카드가 이동을 앞둔 사람에게 나올 경우, 이동의 과정이 순조롭게 진행되는 경우가 많았습니다. 가령, 이직의 경우 퇴사와 신규 입사가 환승하는 것처럼 자연스럽게 이뤄졌고, 이사를 앞둔 경우에는 살던 집이 팔리고 새집을 구하는 시기가 적절하게 잘 맞아떨어졌습니다.

2. 14번 TEMPERANCE(절제) 카드가 연애 궁합운에서 나올 경우에는 확신 없는 만남이 지속되는 경우가 많았습니다. 결혼에 대한 확신이나 준비는 부족하지만 이별을 할 마음은 없을 때 이 카드가 나왔습니다. 내담자가 결혼 여부에 대한 결론이 빨리 나기를 원하는 경우라면 답답한 상황입니다. 예외적으로 불륜 관계나 삼각관계처럼 바람을 피우고 있는 경우에 이 카드가 나온다면 큰 문제없

이 만남을 이어가는 경우도 있었습니다.

3. 14번 TEMPERANCE(절제) 카드가 2가지를 동시에 하고 싶을 때 나오면 긍정적인 신호입니다. 본업과 부업을 동시에 하고 싶은데 이 카드가 나온다면 2가지 일을 적절히 조절하면서 할 수 있습니다. 그런데 1가지에 전념해야 하는 상황에서 14번 TEMPERANCE(절제) 카드가 나왔다면 부정적입니다. 2개의 컵 속의 물이 왔다 갔다 하는 것은 마음이 왔다 갔다 함을 의미하기 때문입니다.

내운내본 Tip

14번 TEMPERANCE(절제) 카드가 하나의 결정을 내려야 할 때 나온다면 상담이 같은 말을 반복하게 되는 패턴으로 흐를 때가 많았습니다. 가령, 이런 식이지요. 내담자는 직장을 그만두고 싶은 마음이 크지만 안정적인 월급 때문에 그만두기 힘들다고 이야기합니다. 연인 관계에서는 이별을 해야 된다고 말을 하지만 정 때문에 이별이 힘들다고 이야기합니다. 이런 경우 생각보다 오랜 기간 직장을 다니고, 연인 관계를 유지합니다. 스스로는 결론을 내리기 어렵고, 외부적인 상황에 의해 결론이 나기를 기다리고 있는 경우도 많았습니다.

15번.
THE DEVIL(악마)

+·((○·❋·○))·+

❖ 키워드

#강렬한 에너지 #하늘의 운 #쾌락 #불륜 #대박 #집착 #질긴 인연

❖ 그림 속 상징

느슨한 쇠사슬: 인간이 스스로를 묶고 있는 상태, 집착, 중독, 질투,
스스로 빠져나올 수 있음

여자 뒤의 포도: 세속적인 즐거움, 쾌락

남자 뒤의 불꽃: 욕구, 욕망

악마 위의 역오각형: 악마의 상징, 염소의 2개의 뿔, 2개의 큰 귀, 수염을 상징

메이저 15번 THE DEVIL(악마) 카드는 하늘의 운 영역을 가리키는 카드입니다. 악마의 이미지가 강렬해서 사람들이 두려워하는 카드이지만 실전 상담에서는 긍정적으로 해석될 때가 더 많습니다. 금전운에서는 생각지 않은 호재나 기회로 짧은 시간 안에 큰돈을 벌 수도 있습니다. 연애운에서는 첫눈에 반하게 되는 강렬한 상대를 만날 수도 있습니다. 15번 THE DEVIL(악마) 카드의 강렬한 에너지는 하늘의 운 영역으로 인간이 통제할 수가 없습니다. 받아들일 준비가 되어 있지 않다면 최대한 멀리 도망치는 것이 좋습니다. 운이라는 것은 행운과 불운으로 나뉘는데, 어떤 운인지는 내담자의 상황과 주변 카드를 보고 판단이 가능합니다. 불운으로 해석되는 경우, 연애에서는 불륜, 육체적 관계, 의부(처)증 등을 뜻할 때도 있습니다. 사업에서는 감당하기 어려운 큰 변화나 경쟁사의 등장을 의미하기도 합니다. 15번 THE DEVIL(악마) 카드가 나오면 추가 카드를 통해서 하늘의 운이 언제 다가오는지 그 시기를 예측해볼 수 있습니다.

실전 상담에서의 15번 THE DEVIL(악마) 카드

1. 15번 THE DEVIL(악마) 카드와 6번 THE LOVERS(러버) 카드가 동시에 나올 때가 있습니다. 연애운에서는 마음과 몸이 모두 통하는 사람을 만나게 되는 경우입니다. 금전운에서는 좋아하는 일로 돈을 벌게 되는 경우입니다. 실전 상담에서 15번 THE DEVIL(악마) 카드와 6번 THE LOVERS(러버) 카드가 동시에 나오면 대부분 매우 긍정적이라고 볼 수 있습니다.

2. 15번 THE DEVIL(악마) 카드가 직장이나 상대방의 입장에서 나왔을 때는 나를 벗어나지 못하게 잡아두는 에너지로 작용될

때가 있습니다. 예를 들면 직장이나 사업 위치에 이 카드가 나오는 경우, 인간관계, 계약, 책임 등의 문제로 정리가 어렵습니다. 연애 궁합운에서 이 카드가 나온다면 아니라는 것을 알면서도 타인의 집착 또는 서류상의 문제 등의 이유로 이별이 어렵습니다. 특히 0번 THE FOOL(바보) 카드와 15번 THE DEVIL(악마) 카드가 같이 나오면, 바보가 악마에게 걸린 경우로 악연이 됩니다. 더 좋은 인연을 만나거나 더 좋은 직장에 들어갈 수 있음에도 불구하고 정리가 안 돼서 현 상태를 유지하는 경우입니다.

3. 15번 THE DEVIL(악마) 카드와 반대의 에너지를 가진 카드가 있습니다. 바로 메이저 2번 THE HIGH PRIESTESS(고위 여사제), 5번 THE HIEROPHANT(교황), 9번 THE HERMIT(은둔자), 12번 THE HANGED MAN(매달린 남자) 카드입니다. 이렇게 15번 THE DEVIL(악마) 카드와 반대되는 에너지의 카드가 동시에 나오면 일반적인 상황이 아닐 수 있습니다. 가령, 연애에서는 불륜 관계이거나 나이 차이가 많이 나는 사이일 수도 있습니다. 사업에서는 합법과 불법의 중간 지점인 경우(예: 카지노 사업)일 수도 있습니다. 일반적이지 않다는 것이 꼭 부정적이라는 뜻은 아닙니다. 반대되는 에너지의 조합에서 큰 성공이나 대박이 일어나는 경우도 많습니다.

내운내본 Tip

15번 THE DEVIL(악마) 카드는 현시대를 살아가는 사람들이 제일 좋아하는 카드 중 하나입니다. 요즘의 많은 사람들은 짧은 시간 안에 큰돈을 벌고 싶어 하고, 강렬한 경험을 하고 싶어 합니다. 가상화폐,

부동산 호재, 주식 등으로 큰 이익을 실현할 때 15번 THE DEVIL(악마) 카드가 나옵니다. 15번 THE DEVIL(악마) 카드는 인간의 욕망과 욕구를 단기간에 충족시켜주는 에너지의 카드입니다. 이것을 나쁘다고만 할 수는 없습니다. 우리가 사는 세상이기 때문에 원한다면 악마의 에너지를 나에게 이득이 되는 쪽으로 이용하면 됩니다. 하지만 나에게 유리하게 이용한다고 해도 악마 카드라는 사실을 잊어서는 안 됩니다. 이 카드에 담긴 에너지는 단번에 많은 것을 주지만 순식간에 모든 것을 빼앗아가는 에너지이기도 하니까요. 그래서 15번 THE DEVIL(악마) 카드가 나왔을 때는 악마의 운이 들어오는 시기와 없어지는 시기를 추가 카드를 뽑아서 볼 수 있습니다. 만일 15번 THE DEVIL(악마) 카드가 나왔다면 운이 들어오는 시기에 들어갔다가 그 운이 없어지기 전에 빠져나오는 타이밍을 아는 것이 가장 중요합니다. 만일 이 타이밍에 어긋날 것 같다면 애초에 시작을 하지 않는 것이 더 현명할 수 있습니다.

16번.
THE TOWER(타워)

+·⟪⟪○ ✳ ○⟫⟫·+

❖ 키워드
#하늘의 운 #불가피함 #외부 개입 #다른 이성 등장 #예상치 못한 변화
#불운 #행운 #전환점

❖ 그림 속 상징
번개: 하늘의 영역, 급격한 변화, 외부 에너지
탑: 바벨탑, 인간의 업적, 오만함
떨어지는 왕관: 권위의 파괴, 영향력 감소
불: 파괴, 재난
가파른 절벽 산: 위급함, 위태로움, 서두름

메이저 16번 THE TOWER(타워) 카드를 보면 탑이 하늘에서 떨어진 번개에 맞아 부서지는 모습을 볼 수 있습니다. 그리고 그 안에 살던 사람은 탑 밖으로 떨어집니다. 번개는 하늘의 운 영역임을 의미하고, 탑은 인간이 쌓아온 업적이나 성과를 의미합니다. 16번 THE TOWER(타워) 카드는 예상치 못한 외부 에너지의 개입으로 큰 변화가 일어날 것임을 암시합니다. 질문의 의도와 주변 카드에 따라서 그 변화가 긍정적일지 부정적일지를 알 수 있습니다. 부정적인 변화일 경우, 연인 관계에서 다른 이성의 등장이나 부모님의 방해가 있었습니다. 직장에서는 부서 이동, 해고와 같은 급격한 변화일 때도 있습니다. 긍정적인 변화일 경우, 해결되지 않은 문제가 예상하지 못한 전환점을 맞아 해결되기도 했습니다. 16번 THE TOWER(타워) 카드가 나올 때 우리가 할 수 있는 행동은 타워 카드의 번개 에너지와 맞서지 않고 적절히 수용하는 것입니다.

실전 상담에서의 16번 THE TOWER(타워) 카드

1. 부동산, 사업체, 물건 등을 급히 처분하거나 정리해야 할 상황에서 16번 THE TOWER(타워) 카드가 나온다면 신속성의 측면에서 가장 좋은 카드라고 볼 수 있습니다. 하지만 내담자가 원하는 금액이나 조건에 거래될 수 있는지는 미지수입니다. 16번 THE TOWER(타워) 카드가 나왔다면 추가 타로카드를 통해서 그 시기를 볼 수가 있습니다.

2. A와 B 중 무엇을 선택할지 고민하는 양자택일의 주제에서 16번 THE TOWER(타워) 카드가 나왔다면 제3의 선택지인 C가 등장할 수 있습니다. 예를 들면 A와 B 두 지역 중 한 곳으로 이사를 가려고 고민 중이었는데 생각지 않았던 회사에서 입사 제안이 오면

서 회사 근처인 C지역으로 이사를 하게 되는 것이지요.

3. 정체된 상황에 놓여 있을 때 16번 THE TOWER(타워) 카드가 나온다면 마치 심장충격기와 같은 역할을 합니다. 예를 들면 오랫동안 연애를 안 했던 사람이 가슴 뛰는 대상을 만나게 되는 경우입니다. 창작을 하는 사람이 영감이 떠오르지 않을 때 16번 THE TOWER(타워) 카드가 나온다면 혁신적인 아이디어가 생깁니다.

내운내본 Tip

16번 THE TOWER(타워) 카드의 변화는 피할 겨를 없이 일방적으로 들이닥치는 경우가 많았습니다. 15번 THE DEVIL(악마) 카드의 경우에는 끌어당기는 에너지이기 때문에 처음부터 내가 멀리한다면 다가올 변화를 피하거나 최소화할 수 있습니다. 하지만 16번 THE TOWER(타워) 카드의 경우에는 하늘에서 번개가 내리치듯 나를 향해 날아오는 에너지이기 때문에 내 의지와는 관계없이 변화가 찾아옵니다. 같은 하늘의 운 영역의 카드라고 해도 다가오는 모습과 속도가 다르다는 것을 알면 실전 상담에서 한 차원 높은 상담이 가능합니다.

17번.
THE STAR(스타)

+‧((○ ✳ ○))‧+

THE STAR

❖ 키워드
#밝음 #치유 #감성 #아이디어 #성적 매력 #순수함 #회복 #즐거움 #불안함

❖ 그림 속 상징
별: 희망, 동경, 인기
2개의 물병: 물질적 풍요, 정신적 풍요
물웅덩이: 감수성, 무의식, 생명의 근원
발가벗은 여인: 대지의 여신 가이아, 진실함, 순수함, 성적 매력

메이저 17번 THE STAR(스타) 카드는 어둠 속에서 반짝이는 별이 뜨면서 주변을 환히 비추는 에너지를 지닌 카드입니다. 이 카드는 아픈 사람을 치유해주고, 우울했던 마음에는 긍정의 에너지를 줍니다. 웅덩이의 물은 감성, 하늘의 별은 아이디어나 영감을 뜻합니다. 예술가, 기획자처럼 창의적인 일을 하는 사람들은 17번 THE STAR(스타) 카드를 가장 기다리기도 합니다. 발가벗은 여인은 성적인 매력을 상징하기도 하지만, 가식 없는 순수한 마음이나 감정을 뜻하기도 합니다. 그래서 연애운 상담에서 이 카드가 나온다면 상대방에게 한순간에 푹 빠지는 경우도 많습니다.

하지만 별은 짧은 시간 동안 반짝 빛나고 사라집니다. 즉, 이 카드가 나오면 지속성 측면에서는 약한 편입니다. 만일 금전운에서 17번 THE STAR(스타) 카드가 나왔다면 돈이 들어오는 운의 시기가 짧을 수 있습니다. 휴식을 즐기면서 에너지를 환기시키고자 할 때 나오면 좋은 카드이지만 장기적으로 준비해야 하는 일이나 공부를 해야 할 때 이 카드가 나오면 얼마 가지 않아 지루함을 느낄 수도 있습니다.

실전 상담에서의 17번 THE STAR(스타) 카드

1. 17번 THE STAR(스타) 카드는 기복이 심한 에너지의 카드입니다. 에너지가 상승할 때는 놀라운 속도로 올라가지만 떨어질 때도 급격히 떨어집니다. 이것을 연애 궁합운에 적용하면 지금 당장은 결혼 이야기가 나올 만큼 서로에게 푹 빠진 상태이지만, 어느 순간 마음이 훅 식어버릴 가능성도 있습니다. 사업운에서 협상 주제로 상담할 때 이 카드가 나오면 지금은 분위기가 좋지만 그 흐름이 언제 차갑게 식어버릴지 모릅니다.

2. 17번 THE STAR(스타) 카드는 마음과 영혼의 힐링 카드입니다. 우울증, 무기력증, 트라우마 같은 정신과 마음의 고통으로 힘든 시기를 보내고 있는 사람에게 이 카드가 나온다면 에너지가 달라질 수 있는 계기가 찾아옵니다.

3. 17번 THE STAR(스타) 카드는 겉으로 보이는 것에 비해 내실은 탄탄하지 못할 수도 있음을 뜻하기도 합니다. 그래서 이 카드가 나왔다면 겉모습만 보고 혹해서 판단을 하지 말고 다시 한번 냉정하게 검토 후 판단할 필요가 있습니다.

내운내본 Tip

17번 THE STAR(스타) 카드는 물과 불의 에너지가 강한 카드입니다. 감성과 열정이 넘친다고 볼 수 있지요. 그래서 이것을 증폭시키는 카드가 함께 나오면 더 큰 에너지가 만들어집니다. 대표적인 카드가 15번 THE DEVIL(악마) 카드입니다. 이 2장의 카드가 동시에 나오면 인생을 살면서 지금껏 겪어보지 못한 강렬한 경험을 할 수 있습니다. 연애운 상담이라면 누군가에게 첫눈에 반할 수도 있고, 파트너와의 잠자리에서 경험하지 못한 쾌락을 느낄 수도 있습니다. 금전운 상담에서는 횡재, 대박과 같은 단어를 쓸 정도의 큰 기회가 올 수도 있습니다. 하지만 17번 THE STAR(스타) 카드와 15번 THE DEVIL(악마) 카드의 조합은 로켓과 같아서 순간적인 에너지는 강력하지만 지속성은 없는 경우가 많았습니다.

18번.
THE MOON(달)

❖ 키워드
#어둠 #무의식 #감춰진 의도 #불확실성 #불안함 #기다림 #가능성 #해외

❖ 그림 속 상징
달: 음의 기운, 여성성, 무의식, 이중성, 감정 기복
가재: 겉은 딱딱한 껍질이지만 속살은 부드러움, 이중성, 감춰진 욕망
개: 의식, 동반자
늑대: 무의식, 경쟁자
2개의 기둥(탑): 의식과 무의식의 경계, 양자택일, 양다리

메이저 18번 THE MOON(달) 카드는 밝은 해가 뜨기 전의 어두운 밤을 의미합니다. 어두운 밤과 달은 사람의 무의식, 감춰진 의도, 욕망을 의미합니다. 이 카드는 명확하지 않지만 뭔가 이루어지고 성사될 듯한 에너지로 이중성을 갖고 있습니다. 그래서 이 카드가 나오면 감정의 기복이 생깁니다. 예를 들면 연애 궁합운이라면 상대방이 오늘은 날 사랑하는 것 같아서 기분이 좋았는데 내일은 날 떠날 것 같아 우울해지는 상태입니다. 이런 감정이 드는 것은 아직까지는 상대방에 대한 확신이 없고 그/그녀에 대해서 전부 다 알지 못한 상태이기 때문입니다. 그렇기 때문에 18번 THE MOON(달) 카드가 나왔다면 상대방이 나에게 본심을 감추고 있거나 내가 모르는 사실이 있는지 확인할 필요가 있습니다.

18번 THE MOON(달) 카드는 가능성이 있지만 아직 그 가능성을 보지 못하는 상태를 가리키기도 합니다. 어둠이 걷히고 밝음이 찾아올 때라야 비로소 가능성과 이유를 확인할 수 있습니다. 그래서 이 카드가 나왔다면 기다림의 시간이 필요한 때임을 의미합니다.

18번 THE MOON(달) 카드는 낯선 곳에서 기회가 있음을 의미합니다. 따라서 외국, 해외라는 키워드를 동반합니다.

실전 상담에서의 18번 THE MOON(달) 카드

1. 18번 THE MOON(달) 카드가 비즈니스 협상, 계약, 법적 분쟁 등을 주제로 상담할 때 나오면 예상치 못한 변수, 음모 등이 존재하는 경우가 있었습니다. 특히 메이저 2번 THE HIGH PRIESTESS(고위 여사제), 15번 THE DEVIL(악마), 마이너 10번 동전 카드와 함께 나오면 변수, 음모의 가능성이 더 높았습니다.

2. 18번 THE MOON(달) 카드는 언제 끝날지 모르는 기다림의

에너지를 갖고 있습니다. 이 카드와 함께 13번 DEATH(죽음) 카드가 같이 나왔다면 언제 끝날지 모르는데 죽을 만큼 힘든 경우입니다. 20대 초반의 남성이라면 군 복무 중인 경우도 많았습니다. 군대에 있는 정도로 힘든 상황이라고 볼 수 있습니다. 연애 궁합운에서 상대방 카드로 18번 THE MOON(달) 카드와 13번 DEATH(죽음) 카드가 같이 나왔다면 애인에게 관심을 주기 힘들 정도로 어렵거나 스트레스를 받는 상황일 수 있습니다.

3. 18번 THE MOON(달) 카드가 이동수가 있는 카드들과 함께 나오면 이동 가능성이 높아집니다. 예를 들면 마이너 8번 컵, 6번 칼, 2번 나무, 3번 나무 등과 함께 나오는 경우입니다. 특히 해외나 외국 키워드가 담긴 카드와 함께 나온다면 해외로 이동하거나 외국과 관련된 일이나 사업을 할 수도 있습니다.

내운내본 Tip

18번 THE MOON(달) 카드의 숫자인 '18'을 풀어보면 '1+8=9'로 숫자 9가 됩니다. 메이저 9번 THE HERMIT(은둔자) 카드는 18번 THE MOON(달) 카드와 비슷한 맥락의 에너지를 가졌습니다. 위의 두 카드는 무의식, 영성, 직관의 영역의 카드로 눈으로 보는 것이 아닌 마음과 영혼으로 봐야 함을 암시합니다. 그래서 이 2장의 카드가 함께 나왔다면 제품, 서비스를 만들 때 철학, 정신, 가치와 같은 것을 담아야 합니다. 대중적인 것이 아닌 마니아적인 제품, 서비스일 수도 있지요. 메이저 2번 THE HIGH PRIESTESS(고위 여사제), 12번 THE HANGED MAN(매달린 남자), 15번 THE DEVIL(악마) 카드가 같이 나올 때도 위와 같은 맥락이 적용됩니다.

19번.
THE SUN(태양)

❖ 키워드

#밝음 #따뜻함 #좋은 계기 #행복 #불안함 #신뢰성 떨어짐 #현실성 결여

❖ 그림 속 상징

태양: 양의 에너지, 기쁨, 성공, 희망

아이: 순수함, 시작, 생명

담벼락: 보호, 안전, 넘어선 장애물

빨간 깃발: 열정, 실행력, 순수함

백마: 순수함, 생명력, 추진력

메이저 19번 THE SUN(태양) 카드는 밝고 따뜻한 에너지의 카드입니다. 5월의 봄에 새싹이 돋아나듯이 희망과 행복이 찾아오는 카드로 이 카드가 나오면 상황이 좋아지는 계기가 생깁니다. 연애 궁합운 주제의 상담에서 이 카드가 나왔다면 서로 좋은 감정과 행복을 나눌 수 있는 관계로 발전합니다. 금전운 상담에서 이 카드가 나왔다면 좋은 계약, 승진, 발표가 생길 수 있습니다. 하지만 19번 THE SUN(태양) 카드가 긍정적인 측면만 있는 것은 아닙니다. 카드의 중앙에 그려진 어린아이는 백마 위에서 웃고 있지만 떨어지면 다칠 수도 있어 불안함을 상징하기도 합니다. 금전운 상담에서 이 카드가 나왔다면 분위기는 좋으나 변화가 있을 때는 변동성이 커져서 거래 상대나 상황을 완전히 신뢰하기 어렵습니다. 연애 궁합운 주제의 상담에서 이 카드가 나왔다면 풋풋한 연애로는 좋지만 현실적인 문제들을 해결해나가야 하는 결혼의 과정에서는 헤쳐나가는 힘이 부족함을 의미합니다.

실전 상담에서의 19번 THE SUN(태양) 카드

1. 19번 THE SUN(태양) 카드가 아프거나 힘든 상황에서 나왔다면 곧 상황이 나아지곤 했습니다. 아픈 사람이라면 원기를 회복하게 되었고, 손님이 없어 고민하던 음식점 주인이라면 가게에 손님이 찾아오기 시작했습니다. 18번 THE MOON(달)의 어둠에서 19번 THE SUN(태양)의 밝음으로 넘어온 상황입니다.

2. 19번 THE SUN(태양) 카드는 순수하고 밝은 에너지를 가진 카드인데, 이와 반대되는 에너지의 카드와 함께 나올 때가 있습니다. 예를 들면 메이저 15번 THE DEVIL(악마), 18번 THE MOON(달) 카드입니다. 이런 경우 일반적인 상황이 아니거나 감정

이나 사업에서 큰 기복을 겪었습니다.

3. 19번 THE SUN(태양) 카드와 비슷한 에너지의 카드들이 있습니다. 메이저 0번 THE FOOL(바보), 1번 THE MAGICIAN(마법사), 6번 THE LOVERS(러버), 17번 THE STAR(스타) 카드가 그것들입니다. 이 카드들의 공통점은 순수함, 밝음, 자유로움입니다. 위의 카드들이 19번 THE SUN(태양) 카드와 동시에 나온다면 규율을 따르고 인내해야 하는 직장 생활, 장기적인 시험 준비와는 맞지 않는 경우가 많았습니다.

내운내본 Tip

실전 상담에서 19번 THE SUN(태양) 카드가 나온 사업이나 직원은 믿고 함께하는 것이 불안할 때가 많았습니다. 무언가를 감추거나 음모를 꾸미는 것은 아니지만 단단함이 부족하기 때문입니다. 19번 THE SUN(태양) 카드가 나오면 분위기가 좋거나 보상이 만족스러울 때는 문제가 없습니다. 그러나 16번 THE TOWER(타워) 카드처럼 강한 외부적인 충격이 들어올 경우에는 한순간에 무너져버릴 수 있습니다. 백마를 타고 웃고 있는 어린아이에게 큰 태풍이 몰아쳤을 때를 생각하면 이해가 쉽게 됩니다. 메이저 4번 THE EMPEROR(황제) 카드처럼 단단한 에너지의 카드가 이런 상황을 보완해줄 수 있습니다.

20번.
JUDGEMENT(심판)

+·((○ ✳ ○)›· +

JUDGEMENT

❖ 키워드
#하늘의 결정 #분명한 결론 #예측할 수 없음 #결과 순응
#승진 #이직 #임신 #새로운 이성

❖ 그림 속 상징
천사: 대천사 가브리엘, 심판자, 공정함, 죽음과 부활
관을 열고 나온 사람들: 구원받은 자와 구원받지 못한 자
붉은 십자가: 예수그리스도, 예수의 희생
구름: 안락함, 안정적, 성스러움

메이저 20번 JUDGEMENT(심판) 카드는 하늘의 운 영역의 카드입니다. 대천사 가브리엘이 심판의 날에 산 자와 죽은 자를 심판하기 위해 천사의 나팔을 불고 있습니다. 20번 JUDGEMENT(심판) 카드가 나왔을 때는 외부의 에너지에 의해 상과 벌처럼 명확히 구분되는 결론이 납니다. 이 카드가 나왔을 때 우리가 할 수 있는 행동은 결과를 받아들이고 순응하는 것입니다. 20번 JUDGEMENT(심판) 카드가 나왔을 때 그 결론이 긍정적인지 부정적인지는 질문자의 의도와 다른 카드와의 조합을 통해 알 수 있습니다. 이 카드는 직장운 상담에서는 승진이나 이직을 의미할 때가 있습니다. 연애운 상담 시에는 임신이나 결혼을 암시하거나 새로운 이성의 등장이나 부모님의 반대를 암시하기도 합니다. 운이라는 것은 행운과 불운으로 나뉘기 때문에 이처럼 양극단의 해석이 가능합니다. 20번 JUDGEMENT(심판) 카드가 나왔다면 반드시 주변 카드와의 조합으로 심판의 결과가 무엇인지 알아야 합니다. 또한 타로카드를 추가로 뽑아 그 시기도 예측해볼 수 있습니다.

실전 상담에서의 20번 JUDGEMENT(심판) 카드

1. '임신이 가능할까요?'라는 질문에 20번 JUDGEMENT(심판) 카드와 3번 THE EMPRESS(여황제) 카드가 함께 나왔다면 임신 가능성이 높다고 볼 수 있습니다. 3번 THE EMPRESS(여황제)는 임산부를 의미하고, 20번 JUDGEMENT(심판)는 하늘에서 아이를 보내주는 천사라고 생각하면 됩니다. 우리나라의 개념으로는 삼신할머니라고 볼 수 있습니다.

2. 20번 JUDGEMENT(심판) 카드가 나오면 단편적인 말이나 행동에 대한 평가가 아닌 오랜 기간 동안의 준비와 노력에 대한

평가가 이루어지는 경우가 많았습니다. 예를 들면 수능 시험 결과 발표, 승진 발표, 대회 우승 여부입니다. 이런 평가를 앞두고 20번 JUDGEMENT(심판) 카드와 긍정의 의미 카드가 같이 나온다면 하늘의 운이 플러스(+) 요인으로 작용하는 것이고, 부정의 의미 카드가 나온다면 하늘의 운이 마이너스(-) 요인으로 작용하는 것입니다. 가령, 수능 시험을 앞둔 상태에서 20번 JUDGEMENT(심판) 카드와 5번 THE HIEROPHANT(교황) 카드가 나왔다면 운이 플러스(+)이고, 20번 JUDGEMENT(심판) 카드와 마이너 3번 칼 카드가 같이 나왔다면 운이 마이너스(-)라고 볼 수 있습니다.

3. 연애 궁합운에서 20번 JUDGEMENT(심판) 카드가 나왔다면 두 사람의 관계에 큰 변화가 생길 수도 있습니다. 이때는 주변 카드와의 조합을 살펴봐야 합니다. 만일 메이저 5번 THE HIEROPHANT(교황), 마이너 4번 나무, 10번 컵과 같이 결혼을 의미하는 카드들과 함께 나온다면 생각지 않은 변화로 결혼으로 가는 문이 빨리 열리게 됩니다. 하지만 2번 THE HIGH PRIESTESS(고위 여사제), 15번 THE DEVIL(악마), 18번 THE MOON(달) 카드와 같이 감춰진 의도나 사실을 의미하는 카드들이 같이 나온다면 만남에 장애가 될 만한 요소가 생길 수 있습니다.

내운내본 Tip

20번 JUDGEMENT(심판) 카드와 더불어서 하늘의 운 영역 카드로는 15번 THE DEVIL(악마) 카드와 16번 THE TOWER(타워) 카드가 있었습니다. 어떤 주제의 상담이든 위의 3장의 카드 중 2장 이상의 카드가 동시에 나온다면 내담자의 노력과 의지보다는 환경과 운이 결과에 미치는 영향이 크다고 볼 수 있습니다. 이렇게 하늘의 운 영역이 미치는 영향이 클 경우, 오히려 미래를 맞출 수 있는 확률이 올라갑니다. 인간의 의지로 결정이 나는 일은 인간이 어떤 선택과 돌발 행동을 할지 모르기 때문에 변수가 많지만 하늘의 운 영역은 이미 정해져 있는 부분이 크고 변동이 거의 없기 때문입니다.

21번.
THE WORLD(월드)

+‹‹ ○ ✹ ○ ›› +

❖ 키워드
#종착지 #매듭 #결혼 #안정적 #새로운 시작 #한계 #전환점

❖ 그림 속 상징
발가벗은 여인: 깨달은 자, 순수, 음양의 조화
보라색 천: 빨간색과 파란색이 합쳐진 색, 신비로움, 신의 영역
2개의 봉: 완성, 마법, 신의 경지
월계관: 완성된 인생, 순환, 새로운 차원
천사, 황소, 독수리 사자: 각각 4원소를 상징, 권력, 힘, 수호신

메이저 21번 THE WORLD(월드) 카드는 22장의 메이저카드에서 가장 마지막에 등장하는 카드입니다. 0번 THE FOOL(바보)에서부터 시작된 긴 여정은 21번 THE WORLD(월드)를 종착지로 끝이 납니다. 21번 THE WORLD(월드) 카드가 나왔다면 지금까지 해온 일이나 관계를 잘 매듭짓고 그다음 페이지로 넘어가야 합니다. 언제나 끝은 새로운 시작과 맞물려 있음을 기억해야 합니다. 가령, 대학 합격으로 수험생 기간은 끝났지만 대학 생활은 새롭게 시작됩니다. 21번 THE WORLD(월드) 카드는 시작과 끝이라는 두 가지의 의미를 갖고 있기 때문에 연애 궁합운 상담에서는 결혼 혹은 이혼을 의미하고, 금전운 상담에서는 창업 혹은 매각을 의미합니다. 21번 THE WORLD(월드) 카드는 질문을 들으면 어떤 결론을 지향하는지 자연스럽게 알 수 있습니다.

21번 THE WORLD(월드) 카드는 인생의 분기점을 맞이했을 때 나오는 카드로 실전 상담에서 자주 등장하지 않습니다. 이 카드가 나왔다면 내담자에게는 질문한 내용이 지금 시점에서 중요한 부분이거나 인생의 큰 전환점을 만들 것임을 암시합니다.

실전 상담에서의 21번 THE WORLD(월드) 카드

1. 20번 JUDGEMENT(심판) 카드와 21번 THE WORLD(월드) 카드가 순서대로 나온다면 목표하고 꿈꾸던 모습이 현실로 이루어지게 될 가능성이 높습니다. 20번의 심판을 받은 후에 21번의 세계(천국)에서 여유로운 미소를 짓는 모습이기 때문입니다. 가령, 임신을 원하는 부부에게는 건강한 아이가 찾아오고, 공무원 시험 합격을 원하는 사람은 시험에 합격하게 됩니다.

2. 연애 궁합운 상담을 할 때 21번 THE WORLD(월드) 카드가

나오면 그것이 결혼의 의미인지 이혼의 의미인지를 질문에서부터 알 수 있습니다. 이혼을 의미한다면 질문을 할 때 이혼할 수 있는지를 물어보기 때문입니다. 이혼을 원한다고 했을 경우, 가까운 미래에 21번 THE WORLD(월드) 카드가 나온다면 이혼이 가능하다고 볼 수 있습니다. 결혼 여부에 대해 물었을 경우에 이 카드가 나왔다면 두 사람이 결혼의 인연을 갖고 있다고 볼 수 있습니다.

3. 21번 THE WORLD(월드) 카드처럼 끝과 시작의 의미를 동시에 강하게 가진 카드들이 있습니다. 바로 메이저 0번 THE FOOL(바보), 13번 DEATH(죽음) 카드입니다. 만일 이 3장의 카드 중 2장 이상이 동시에 나왔다면 결말이 확실하게 일어날 가능성이 높습니다. 그리고 새로운 시작을 하게 될 것입니다. 이 과정이 내담자에게 긍정일지 부정일지는 주변 카드와의 조합을 통해서 알 수 있습니다.

내운내본 Tip

21번 THE WORLD(월드) 카드가 마지막에 나오면 대부분 긍정적이나 현재나 가까운 미래 위치에 나온다면 너무 빨리 한계가 생겨버리는 부정적인 면도 존재합니다. 예를 들어 직장에서 현재 위치에 21번 THE WORLD(월드) 카드가 나왔다면 10년이 지난 후에도 내 모습은 현재와 비슷할 수 있습니다. 또는 곧 퇴사를 하게 될 수도 있지요. 겨울, 봄, 여름을 지나 가을에 열매를 맺어야 하는데 봄에 열매를 맺으면 제대로 익지 못하는 것과 비슷한 맥락입니다.

마이너카드
56개의 현상을 본다

마이너카드는 4원소인 흙, 물, 바람, 불을 기반으로 구성되어 있습니다. 흙은 PENTACLES(펜타클, 동전), 물은 CUPS(컵), 바람은 SWORDS(소드, 칼), 불은 WANDS(완드, 나무 지팡이)입니다. 각각은 숫자카드 10장, 궁정카드 4장으로 14장씩 구성되었습니다. 하나의 원소당 카드가 14장이므로 마이너카드는 총 56장입니다 (14×4=56). 마이너카드의 주요 특징을 정리하면 다음과 같습니다.

1. 에이스(ACE) 카드는 1번을 의미합니다. 즉, 시작을 의미하지요. 외부의 에너지에 의해서 시작되면 하늘에서 손이 나오는 모습 (에이스 동전과 에이스 컵)이고, 나의 실행에 의해서 시작되면 손의 모양이 움켜잡는 모습(에이스 칼과 에이스 나무)입니다.

2. 숫자카드에는 카드의 번호와 같은 개수의 원소가 그려져 있습니다. 예를 들면 2번 동전 카드에는 뫼비우스의 띠 안에 동전이 2개가 그려져 있고, 3번 컵 카드에는 3개의 컵이 등장합니다.

  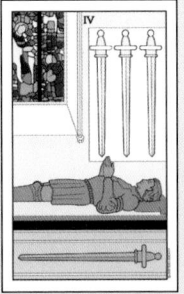 

3. 궁정카드는 궁에서 볼 수 있는 사람이 그려진 카드로 소년(견습생), 기사, 여왕, 왕의 계급으로 구성되었습니다.

마이너카드 각 장의 의미를 배우기 전에 알고 가면 좋은 개념이 2가지가 더 있습니다. 첫 번째는 '4원소 에너지'입니다. 4원소에 대해 잘 이해하고 있으면 타로카드로 운을 읽는 데 큰 도움이 됩니다. 사람과의 관계, 돈을 버는 방식, 사람의 성향 등 우리가 살면서 겪게 될 모든 현상을 4원소로 읽어낼 수 있기 때문입니다. 다음의 표는 4원소로 본 사람의 성향을 정리해본 것입니다.

흙(EARTH) / 동전(PENTACLES)	물(WATER) / 컵(CUPS)

긍정적인 면: 믿음직함, 성실함, 침착함, 꾸준함, 인내력, 끈기, 견고함, 신념과 소신이 강함.

부정적인 면: 지루하고 답답함, 변화에 적응이 어려움, 고집이 있음, 융통성이 부족함, 도전하지 못함.

긍정적인 면: 감수성이 풍부함, 창의성이 뛰어남, 풍부한 상상력, 예술적 감각, 낭만적, 좋아하는 것에 푹 빠짐.

부정적인 면: 지나치게 감상적, 우유부단함, 오염되기 쉬움, 감정 기복이 있음.

바람(WIND) / 칼(SWORDS)	불(FIRE) / 나무(WANDS)

긍정적인 면: 민첩함, 분석적, 언변이 좋음, 눈치가 빠름, 임기응변에 능함, 밝고 활기참.

부정적인 면: 생각만 많음, 예민함, 실천력이 떨어짐, 고민이 많음, 끈기가 부족함, 충동적, 쉽게 질림.

긍정적인 면: 역동적, 순간의 집중력 높음, 능동적, 대담함, 다정함, 도전적, 즉흥적.

부정적인 면: 무모함, 급하고 경솔함, 쉽게 흥분함, 통제를 못함, 시작하고 끝내지 못함, 요령이 부족함.

표를 보면서 나는 어떤 원소의 사람인지 생각해보세요.

두 번째는 '숫자 에너지'입니다. 이에 대해 연구하는 학문을 '수비학'이라고 합니다. 숫자 에너지를 간단하게 표로 요약하자면 다음과 같습니다.

숫자	에너지
1	준비와 시작
2	균형과 조화, 대립과 갈등
3	진행과 발전
4	고정과 정체, 안정, 구조, 질서, 실제적 달성
5	슬럼프, 불확실성, 분쟁에 의한 변화, 역경과 다툼
6	협동, 균형, 책임, 자기희생적, 두 번째 완성 수
7	지혜, 분석적, 사색적, 집중력, 회의적, 내면의 완벽함 추구
8	영원, 권력의 균형, 재물, 욕망의 통제, 기존 힘의 강화와 이탈
9	완성, 이상화, 다른 수의 힘을 합침, 완성 직전의 기초 마련
10	재생과 완성, 한 단계 상승, 깨달음, 모든 빚이 청산되고 새로 시작할 수 있음

마이너카드를 배우면서 4원소 에너지와 숫자 에너지를 각각의 카드와 비교해보면 타로카드의 정교한 구조에 다시 한번 놀라게 될 것입니다. 그러면 이제부터 56장의 마이너카드를 만나러 가겠습니다.

실전 상담에서 주의 깊게 봐야 할 마이너카드 옆에는 ★을 붙여 놓았습니다.

PENTACLES(동전)
– 물질을 본다

마이너카드 중 동전 카드는 흙의 에너지를 담고 있습니다. 따라서 동전 카드의 의미를 이해하려면 우리는 흙의 에너지에 대해 우선 알아야 합니다.

흙은 넓은 대지 같은 평야를 생각해야 합니다. 영어로는 4원소의 흙을 'Earth'라고 표현하는데, 이는 손에 잡히는 모래 같은 흙이 아닌 땅을 의미합니다. 땅은 우리가 살아가는 터전입니다. 땅은 생명체들이 살아갈 수 있도록 안정적이고 체계적으로 지원합니다. 갑작스러운 변화는 땅을 흔들리게 하고 지진과 같은 자연재해를 불러일으키지요.

흙의 성향을 가리키는 동전 카드는 우리가 먹고사는 현실과 물질에 관한 이야기를 들려줍니다. 그럼 동전 카드들의 이야기를 1장씩 들어보겠습니다.

ACE of PENTACLES

PAGE of PENTACLES

KNIGHT of PENTACLES

QUEEN of PENTACLES

KING of PENTACLES

113

ACE of PENTACLES
(에이스 동전)

ACE of PENTACLES

❖ 키워드

#새로운 기회 #취업.#승진 #결정의 순간 #금전적 이득 #고백 #청혼 #운

에이스 동전 카드에는 손 위에 커다란 금동전이 건네어지는 모습이 그려져 있습니다. 하늘에서 나오는 손의 모양은 하늘의 운이 나에게 옴을 상징합니다. 금동전의 크기가 큰 것으로 볼 때 확실하고 큰 기회가 올 것으로 보입니다. 이 기회를 온전히 잡을 것인지의 여부는 본인의 의지와 준비 상태에 따라 결정됩니다.

금동전은 물질과 관련된 것들을 의미합니다. 즉, 금전, 취업, 사업 기회, 거래 성사 등으로 볼 수 있습니다. 연인 관계에서는 고백이나 청혼을 의미하기도 합니다. 에이스 동전 카드는 하늘의 운 영역에 대한 카드이기 때문에 추가 카드를 뽑아서 그 운이 다가오는 시기를 알아볼 수 있습니다.

실전 상담에서의 에이스 동전 카드

1. 취업과 이직을 기다리는 사람에게 좋은 소식이 있을 때, 에이스 동전 카드가 나왔습니다.

2. 에이스 동전 카드가 나오면 확실한 제안이나 기회가 다가오는 경우가 많아서 모르고 지나가는 일은 드물었습니다.

PENTACLES II
(2번 동전)★

+‹‹○ ✵ ○››+

❖ **키워드**
#2가지 일 #반복 #고민 #혼란 #질긴 인연 #양다리 #재회

　2번 동전 카드는 일명 '뫼비우스의 띠' 카드라고도 부릅니다. 남자가 뫼비우스의 띠 안에서 2개의 동전을 굴리고 있기 때문입니다. 2번 동전 카드는 둘 중 하나를 선택하지 못해서 고민할 때 자주 나오는 카드입니다. 연인 관계에서는 만남과 이별을 반복하거나 한 사람이 양다리를 걸치는 경우에 나오는 카드이기도 합니다. 이런 고민과 인연은 끈질기게 지속되는 경우가 많았습니다.

2번 동전 카드는 금전운 상담의 경우 기존에 하던 것을 정리하지 못해서 새로운 시작을 못할 때 자주 나왔습니다. 돈이 들어왔다 나가는 것이 반복되어 겉으로 보이는 것에 비해 모으는 돈이 적은 경우도 많았습니다. 2번 동전 카드가 나왔다면 둘 중 하나를 단호하게 정리하거나 문제 요소를 제거해서 뫼비우스의 띠를 끊어야 합니다.

실전 상담에서의 2번 동전 카드

1. 2번 동전 카드가 나오면 결론적으로 현 상태를 계속 유지하거나 오래된 인연으로 돌아갈 가능성이 높습니다. 예를 들면 5년 동안 만났다가 이별한 사람과 새롭게 사귄 사람 사이에서 고민하고 있다면, 5년 동안 만난 옛 애인에게 돌아갈 가능성이 높은 것이지요. 따라서 재회 주제에서 이 카드가 나왔다면 재회할 가능성이 높습니다.

2. 메이저 10번 WHEEL of FORTUNE(운명의 수레바퀴) 카드와 2번 동전 카드가 같이 나온 경우, 돌고 돌아서 원점으로 가는 에너지의 카드가 2장 나온 것이기 때문에 원래 상태로 돌아갈 가능성은 더 높아집니다.

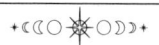

PENTACLES III
(3번 동전)★

❖ 키워드

#돈 #명예 #안정적 #조력자 필요 #정부 #취업 #합격 #결혼 #삼각관계

3번 동전 카드는 교회 건물을 짓고 있는 모습이 그려져 있습니다. 교회를 짓는다는 것은 돈과 명예를 모두 잡을 수 있는 일이라고 볼 수 있습니다. 그림에 등장하는 3명의 인물은 기술자, 수도승, 교회 건축 전문가입니다. 각자의 영역에서 임무를 다하고 있습니다. 3번 동전 카드가 나오는 일은 혼자가 아닌 조력자와 함께해야 하는 일입니다. 좋은 조력자가 있을 것이고, 일은 안정적이고 발전적으로 진행됩니다. 교회는 정부, 공기업, 대학과 같은 안정적인 조직을 의미하기도 합니다. 그래서 취업, 시험 합격, 계약 성사와 같은 질문에서 이 카드가 나오면 긍정적입니다.

연애에서는 결혼의 가능성도 보입니다. 하지만 다른 카드와의 조합에서 제3의 인물이 있는 것으로 나올 경우에는 3명의 인물이 있는 것을 삼각관계 또는 부모님의 반대 같은 이슈로 해석할 수도 있습니다.

실전 상담에서의 3번 동전 카드

1. 3번 동전 카드가 나오는 일은 금전 흐름이 월급처럼 안정적인 경우가 많았습니다. 그래서 회사 또는 기관과 계약되어 있거나 소속된 경우가 많았지요.

2. 연애운에서 3번 동전 카드가 메이저 5번 THE HIEROPHANT(교황) 카드나 메이저 21번 THE WORLD(월드) 카드와 같은 결혼을 의미하는 카드와 함께 나왔다면 결혼 인연이 있는 것으로 해석됐습니다. 하지만 메이저 2번 THE HIGH PRIESTESS(고위 여사제) 카드나 메이저 3번 THE EMPRESS(여황제) 카드와의 조합처럼 다른 이성이 있음을 암시하는 카드들과 함께 나오면 삼각관계로 해석되었습니다.

PENTACLES IV
(4번 동전)

+‹‹○ ✸ ○››+

❖ 키워드
#고집 #집착 #양보 불가 #정체기 #인내 #끈기 #소신

　4번 동전 카드의 남자는 동전 4개를 머리, 발, 가슴으로 꼭 잡고 있습니다. 얼굴 표정을 볼 때 결코 양보하지 않으려는 고집과 집착을 짐작할 수 있습니다. 연애운에서 이 카드가 나오면 상대방에게 집착하고 있거나 관계의 정체기일 수도 있습니다. 4번 동전 카드가 오래된 연인이나 부부 사이에 나온다면 안정적인 관계라고도 볼 수 있습니다. 연애 상담에서 이별한 전 애인이 나를 생각하는 마음을 질문했을 때 4번 동전 카드가 나왔다면 아직 잊지 못하고 있음을 의미합니다.

이 카드가 나오면 4개의 동전을 움켜잡은 모습에서 일정 수준의 돈과 수익 구조도 갖고 있다고 볼 수 있습니다. 하지만 에이스 동전과 같은 금전운이 들어와도 기회를 잡을 여유가 없어 정체기에 돌입한 상태라고도 해석됩니다. 금전운에서 4번 동전 카드가 나왔다면 내담자는 안정적이나 정체기라고 생각할 수 있습니다. 확장이나 새로운 도전과는 거리가 멀지만 안정화되고 있습니다. 오랜 기간이 소요되는 연구나 시험 준비에는 4번 동전 카드와 같은 고집과 집착도 필요합니다.

실전 상담에서의 4번 동전 카드

1. 4번 동전 카드가 나오는 경우, 목표한 수준까지 거의 비슷하게 성취했습니다. 예를 들면 1년에 1억 원을 모은다고 목표로 세웠다면, 실제로 1억 원 가까이 모으게 되는 것이지요. 그러나 그 이상의 금액은 어렵습니다. 목표한 금액 이상은 욕심내지 않았기 때문이지요. 4번 동전 카드 속 남자가 4개의 동전만 움켜잡고 있는 모습을 보면 이해가 쉽습니다.

2. 상대방으로부터 연락을 기다리는 상황에서 상대방이 나를 생각하는 현재의 마음을 물었을 때 4번 동전 카드가 나왔다면 기다려도 괜찮습니다. 나를 놓치고 싶지 않은 마음이 있기 때문에 시간이 흐를수록 상대방도 초조해지기 때문입니다. 이런 경우 내가 먼저 연락한다면 상대가 받아줄 가능성은 당연히 높겠지요.

PENTACLES V
(5번 동전)★

❖ 키워드
#외로움 #궁핍 #금전적 어려움 #정신적 피폐 #안식처가 있음

5번 동전 카드의 그림 속 두 사람은 연인입니다. 두 사람은 함께 있지만 춥고 궁핍해 보입니다. 그래서 5번 동전 카드는 연애 궁합 운에서 현재 애인을 만나고 있으나 만족스럽지 않을 때 자주 등장합니다. 금전운 상담에서는 파트너십이 안 맞거나 자금적으로 힘들 때 나오는 카드입니다. 5번 동전 카드를 금전의 궁핍으로만 보는 경우가 있는데, 금전적으로는 풍요롭지만 정신적으로 피폐하거나 외로울 때도 5번 동전 카드가 나옵니다. 표면적으로 볼 때 5번 동전 카드는 사방으로 불행한 상태의 카드로 보입니다. 하지만 꼭 그런 것은 아닙니다. 두 사람 뒤편의 스테인드글라스 창문을 살펴보면 따뜻한 교회가 있습니다. 고개를 살짝 돌리기만 해도 안식처가 있는데 힘들다는 감정이 지배하고 있어 보지 못할 뿐입니다. 5번 동전 카드가 나왔다면 지금의 상황이 생각만큼 나쁘지 않고, 위기를 돌파할 수 있는 방법이 있음을 떠올려야 합니다.

실전 상담에서의 5번 동전 카드

1. 현재 감정이나 상태를 보고자 했을 때 5번 동전 카드가 나왔다면 불만족스럽다고 볼 수 있습니다. 다른 사람들의 시선과 기준에 관계없이 본인 스스로 만족이 안 되고 있는 상태이기 때문에 타인들로부터 공감을 받지 못했을 가능성도 높지요. 예를 들면 부부 관계 상담에서 5번 동전 카드가 나왔을 경우, 다른 사람들은 "네 남편처럼 잘 해주는 사람이 어딨니?"라고 얘기할 수 있지만, 같이 사는 내 입장은 다른 상황인 것이지요. 예를 들어 남편이 돈은 잘 벌지만 너무 바빠서 함께 시간을 보내지 못할 수도 있습니다. 반대로 남편이 가정적이기는 하지만 다른 사람에게는 말 못할 빚을 갚고 있을 수도 있고요.

2. 5번 동전 카드는 외로움을 동반하는 경우가 많았습니다. 곁에 사람들이 있지만 마음을 나누거나 믿을 만한 사람이 없는 상황인 것이지요. 이런 경우, 사람이 없는 것보다 더 외롭고 쓸쓸할 수 있습니다.

PENTACLES VI
(6번 동전)★

❖ 키워드
#계산 #거래 #현실적 #투자 #미련 #삼각관계 #고민 #선택

6번 동전 카드에서는 한 남자가 한 손에 저울을 들고 다른 손으로는 돈을 나눠주고 있습니다. 저울은 정확한 계산 아래, 거래나 관계가 이루어지고 있음을 의미합니다. 연애운 상담에서는 현실적인 고민을 하고 있음을 의미합니다. 보통 연애에서 현실적인 고민은 결혼 준비(긍정적인 경우)이거나 혹은 다른 사람, 다른 선택을 두고 고민하는 것(부정적인 경우)입니다. 금전운 상담에서 6번 동전 카드가 나오면 명확한 기준이 있는 거래가 이루어짐을 의미합니다.

6번 동전 카드에는 3명의 사람이 등장합니다. 돈을 주는 사람 1명과 받으려는 사람 2명입니다. 이는 연애운 상담에서 헤어진 애인에 대한 미련이나 삼각관계를 의미하기도 합니다. 금전운에서는 2가지 선택 중 고민함을 암시할 때도 있고, 본업과 부업을 의미할 때도 있습니다.

실전 상담에서의 6번 동전 카드

1. 연애운 상담에서 6번 동전 카드가 등장인물이 3명인 카드들과 함께 나오면 미련을 가진 사람이나 비밀리에 만나는 사람이 있는 경우가 종종 있었습니다.

2. 금전운 상담에서 당장은 돈이나 현실적인 문제로 A라는 일을 하고 있으나 상황이 변하면 B라는 일로 옮길 마음이 있을 때 6번 동전 카드가 자주 나왔습니다.

PENTACLES VII
(7번 동전)

+·《《○ ✳ ○》》·+

❖ 키워드
#심사숙고 #욕심 #많은 생각 #정체기 #결정 장애 #확신 없음 #선택

    7번 동전 카드를 보면 한 남자가 7개의 동전 중 어떤 것을 수확할지 심사숙고하고 있습니다. 이때 동전의 크기가 다 똑같은데 이는 확실한 선택지가 없음을 의미합니다. 그래서 결정은 더 어렵지만 고민의 시간이 길어지면 때를 놓치고 정체기가 올 수 있습니다. 빠른 결정이 필요한 순간임을 암시하고 있습니다.

연애 궁합운 상담에서는 상대방에 대한 마음 이외에 고려할 사항들이 많을 때 7번 동전 카드가 나옵니다. 결혼을 생각하면서 더불어 고민하는 현실적인 문제들이 있을 때 이 카드가 나오기도 하지만, 간혹 사랑 자체에 확신이 없을 때도 7번 동전 카드가 나옵니다. 금전운에서 7번 동전 카드가 나오면 여러 가지 기회나 선택권이 있는 것 같지만 확실한 대안이 보이지 않아 고민하는 경우가 많습니다.

실전 상담에서의 7번 동전 카드

1. 7번 동전 카드가 진로 상담에서 나왔을 때는 몇 가지의 선택지들이 실제로 있었습니다. 가령, 컴퓨터공학과를 졸업하는 학생이라면 대학원 진학, S기업 취업, L기업 취업, 해외 유학 중 하나를 선택해야 하는 상황이었지요. 하지만 여러 개의 선택지 중 꼭 하고 싶거나 눈에 띄게 좋은 조건이 없는 경우가 많았습니다.

2. 7번 동전 카드가 나오는 경우에 현재의 상태를 생각보다 오래 유지할 수 있습니다. 예를 들면 지금 직장을 다니면서 A로 이직, B로 이직, 창업을 고민하고 있을 때 7번 동전 카드가 자주 나옵니다. 그러나 현재의 직장을 다니면서 고민의 시간이 길어집니다. 결정과 실행이 있기 전까지는 현재의 직장을 유지하는 경우가 많았습니다.

PENTACLES Ⅷ
(8번 동전)

+‹‹○ ✳ ○›)+

❖ 키워드
#장기간 #인내 #끈기 #지루함 #정체됨 #고집 #안정적 #단조로움

8번 동전 카드를 보면 한 남자가 금동전을 만드는 작업에 매진하고 있습니다. 남자가 만든 금동전이 완성의 수인 10에 가까운 8개인 것을 볼 때, 그가 이 일을 오랜 기간 해왔음을 예상할 수 있습니다. 그래서 이 카드는 일명 '장인 카드'라고 부르는데, 이 카드의 장점인 인내와 끈기를 보여줍니다. 반면에 단점은 1가지 일만 오랫동안 한 탓에 지루하고 정체되어 있는 것입니다. 8번 동전 카드 성향의 사람은 고집이 세고, 융통성이 부족한 면이 있습니다.

연애 궁합운 상담에서 8번 동전 카드가 나오면 편안한 관계이지만 설렘이 없는 경우가 많습니다. 그래서 오랜 기간 만났거나 부부 간에는 이 카드가 나오면 괜찮지만, 만난 기간이 짧은 경우라면 좋지 않은 신호일 수 있습니다. 너무 빨리 권태기가 와버린 것입니다. 금전운 상담에서 8번 동전 카드가 나오면 금전의 흐름은 안정적이지만 발전이나 확장 가능성이 떨어지고, 패턴이 단조로운 면이 있습니다.

실전 상담에서의 8번 동전 카드

1. 8번 동전 카드가 금전운 상담에서 나오는 경우, 기본적으로 모아놓은 돈이 어느 정도 있다고 볼 수 있습니다. 월급이나 임대료 같은 수익 구조에서 발생한 돈일 때도 8번 동전 카드가 나왔습니다. 돈이 들어오고 나가는 흐름이 안정되어 있기 때문에 카드 속 그림처럼 동전이 차곡차곡 쌓이게 되지요. 하지만 그 이상의 돈을 벌고 싶다면 이는 쉽지 않은 경우가 많았습니다.

2. 8번 동전 카드가 연애 솔로운 상담에서 나오는 경우, 연애보다는 하고 있는 일에 관심이 더 크다고 볼 수 있습니다. 그렇다고 일을 하는 쪽이 더 설레거나 열정이 넘치는 상황은 아닙니다. 그보다는 반복되는 일상에 안정감을 느끼거나 익숙해져서 새로운 사람을 만나는 데에 에너지를 쓰고 싶지 않은 경우가 많았습니다.

PENTACLES IX
(9번 동전)

❖ **키워드**
#풍요로움 #여유 #만족스러움 #안정적 #지루함 #나태함 #정체기

　9번 동전 카드를 보면 좋은 옷을 입은 귀부인이 여유로운 표정
을 짓고 있습니다. 귀부인의 등 뒤에는 풍요를 상징하는 포도밭이 보
이고 금동전이 9개나 있습니다. 귀부인 손등 위의 매는 중세 유럽 부
유층의 상징입니다. 9번 동전 카드는 금전적으로나 심리적으로 두
루 여유롭고 만족스러운 상황을 보여주는 카드입니다. 그렇다고 해

서 무조건 좋은 의미인 것은 아닙니다. 여유를 즐길 상황이나 형편이 될 때 9번 동전 카드가 나오면 좋지만, 바쁘게 움직이고 나아가야 하는 상황에서 이 카드가 나오면 부정적인 측면이 있습니다.

연애 솔로운 상담에서 9번 동전 카드가 나오면 솔로로 지내는 지금의 상황이 나쁘지 않아서 솔로 기간이 길어질 수 있습니다. 연애 궁합운 상담의 경우에는 안정적인 관계를 맺고 있으나 서로를 위해서 더 이상의 노력은 안 할 수 있습니다.

금전운 상담에서는 동전이 9개가 있기 때문에 풍요롭다고 볼 수 있습니다. 최소한 궁핍한 상황은 아닙니다. 하지만 그 이상의 성장이나 발전을 하기 위한 에너지나 열정이 부족해서 정체기가 예상됩니다. 9번 동전 카드를 한마디로 요약하면 편안하나 게으르고 지루한 느낌의 카드입니다.

실전 상담에서의 9번 동전 카드

1. 9번 동전 카드는 심리적 역전 상태일 때 나오는 경우가 많습니다. 예를 들면 연애 솔로운 상담에서는 결혼을 하고 싶다고 말은 하지만, 무의식으로는 혼자인 현 상태가 만족스러워서 결혼에 대한 거부감을 가지곤 합니다. 취업운 상담의 경우, 취업을 빨리 하고 싶다고 말하지만 취업 후 직장 생활에 대한 걱정 때문에 무의식으로는 취업이 천천히 되면 좋겠다고 생각하는 것이지요.

2. 인간관계나 연애 궁합운처럼 특정한 1인과의 관계를 두고 상담할 때 상대방의 마음이나 상태 위치에 9번 동전 카드가 나오면, 내담자는 상대방이 이기적이라고 느낄 수 있습니다. 9번 동전 카드의 성향인 사람은 자기 안위가 우선이고 상대방의 힘든 점에 대해 공감 능력이 떨어질 수 있기 때문입니다.

PENTACLES X
(10번 동전)★

+‹‹(○ ❈ ○)››+

❖ 키워드
#풍족함 #안정됨 #기복 없음 #인맥 #결혼 #한계 도달 #삼각관계 #속셈

10번 동전 카드에는 10개의 금동전과 화목한 가정이 그려져 있습니다. 10이라는 숫자는 완성의 에너지를 갖고 있습니다. 흙은 가장 안정적인 원소이고, 안정의 에너지가 완성된 상태이기 때문에 10번 동전 카드는 인간관계에서는 가족과 같은 관계라고도 볼 수 있습니다. 그래서 연애 궁합운 상담에서 10번 동전 카드가 나오면 연인에서 가족이 되는 결혼을 의미하기도 합니다. 취업운 상담에서 10번 동전 카드가 나오면 안정적인 회사의 일원이 된다는 의미에서 취업을 암시합니다. 사업운 상담의 경우라면 사업이 자리를 잘 잡게 되거나 투자 유치가 될 수도 있습니다.

실전 상담에서의 10번 동전 카드

1. 10번 동전 카드는 완벽한 카드처럼 보이고 좋은 의미만 있을 것 같지만, 실전 상담에서는 그렇지 않기도 합니다. 10번 동전 카드의 등장인물은 아이를 제외하고 총 3명입니다. 이는 제3의 인물 또는 감춰진 의도를 의미합니다. 연애 궁합운에서는 삼각관계, 불륜, 시댁 간섭이 있을 경우에 10번 동전 카드가 나옵니다. 이는 다른 카드와의 조합을 보고 알 수 있는 부분입니다. 사업운 상담에서는 자신만 모르는 담합, 상대측의 의도, 법적 규제 등이 있을 때 10번 동전 카드가 나옵니다. 특히 메이저 2번 THE HIGH PRIESTESS(고위 여사제) 카드와 10번 동전 카드가 같이 나올 경우, 이와 같은 부정적인 상황이 예측 가능합니다.

2. 10번 동전 카드가 금전운 상담에서 나오면 인맥의 도움으로 잘되는 경우가 많았습니다. 가족으로부터 유산상속을 받을 때도 10번 동전 카드가 나왔습니다. 즉, 유산상속 질문에서 10번 동전 카드가 나온다면 긍정적이라고 봐도 됩니다.

PAGE of PENTACLES
(소년의 동전)

PAGE of PENTACLES

❖ 키워드

#신중 #집중력 #정성 #한계 #신뢰할 수 있음 #고집 #소신

    소년의 동전 카드를 보면 소년이 하나의 동전을 두 손으로 정성스레 받치고 있습니다. 그리고 소년은 두 눈으로 동전을 집중해서 바라보고 있습니다. 소년의 동전 성향의 사람이라면 신중하고 집중력이 좋습니다. 하나만 보는 사람이기 때문에 소신과 고집, 두 가지를 모두 가졌다고 볼 수도 있습니다. 소년의 동전 정도의 에너지를 가진 사람이나 상황이라면 믿음직하고 안정감이 있다고 봐도 좋습니다. 하지만 소년의 단계라는 것을 기억해야 합니다. 소년은 궁정 카드의 단계 중 가장 낮은 단계로 어느 정도 이상으로는 올라가지 못합니다. 즉, 한계에 도달하기 전까지만 믿을 만합니다.

실전 상담에서의 소년의 동전 카드

1. 금전운 상담에서 소년의 동전 카드가 나오면 안정적으로 돈이 들어온다는 장점이 있었습니다. 월급, 월세처럼 꼬박꼬박 들어오는 금전의 흐름이지요. 그러나 내담자의 기대치에 따라서 수입 수준에 실망하는 경우도 많았습니다. 평균적으로 일반적인 회사의 초봉 정도의 수입이라고 생각하면 됩니다. 수입이 올라가는 속도와 한계도 예상이 가능한데, 내담자의 예상에서 크게 벗어나지 않습니다.

2. 직장운 상담에서 소년의 동전 카드가 나오면 직장 경력이 3년 미만 정도인 경우가 많았습니다. 만일 10년 차인데 소년의 동전 카드가 나왔다면 직장에서 맡은 업무나 책임, 급여 수준이 연차에 비해 상대적으로 낮을 수 있습니다.

KNIGHT of PENTACLES
(기사의 동전)

+‹《○ ✴ ○》›+

❖ **키워드**
#흑기사 #새로운 기회 #우직함 #강직함 #정체기 #기다림

기사의 동전 카드는 일명 '흑기사 카드'라고 부릅니다. 보통 '흑기사'라고 하면 술자리에서 술을 마시기 힘들 때 대신 마셔주는 사람을 떠올리는 분들이 많습니다. 그처럼 위기의 순간에 나를 도와주는 운의 흐름이 올 것을 암시하는 카드입니다. 기사의 동전 카드를 보면 기사가 동전을 건네줍니다. 즉, 운 중에서도 금전과 관련된 운이 오는 경우가 많습니다. 기사의 동전 카드는 하늘의 운 영역에 해당하는 카드로 추가 카드를 뽑아서 운이 들어오는 시기를 볼 수도 있습니다. 기사의 동전 카드에 등장하는 말의 4개의 다리는 모두 땅에 닿아 있어 우직하게 서 있다는 느낌을 줍니다. 이는 흔들림이 없는 상태로 신뢰할 만한 사람이나 상황을 암시합니다. 하지만 움직임이 없다는 것은 운이 올 때까지 막연하게 기다려야 하고 이것이 정체기로 이어질 수 있음도 의미합니다.

실전 상담에서의 기사의 동전 카드

1. 기사의 동전 카드가 나올 때의 수입은 소년의 동전 카드의 1.5배 정도 된다고 볼 수 있습니다. 일반적인 회사의 5년 차 연봉 정도 되겠지요. 금전의 흐름도 소년의 동전보다 더 안정적입니다. 직장운 상담에서 기사의 동전 카드가 나오면 직장 내에서 실무를 안정감이 있게 하는 베테랑으로 중요한 역할을 하는 경우가 많았습니다. 그러나 아직 리더는 아닌 상태로 내담자의 성과나 보상이 그 자신이 아닌 자신이 속한 팀이나 리더에게 돌아갈 수 있습니다.

2. 기사의 동전 카드를 하늘의 운 영역으로 해석한다면 금전운 상담에서는 취업, 승진, 스카우트, 거래 제안, 성사 등 좋은 기회가 올 것을 암시합니다. 연애 솔로운 상담에서 기사의 동전 카드가 나오면 새로운 사람을 만날 기회가 올 것을 암시합니다. 연애 궁합운 상담에서는 두 사람 모두에게 긍정적으로 작용할 만한 일이 생긴다고 볼 수 있습니다. 내담자는 해당 운이 오는 시기를 궁금해 할 것이므로 추가 카드를 뽑아서 월 단위로 시기를 봐주면 좋습니다.

QUEEN of PENTACLES
(여왕의 동전)

QUEEN of PENTACLES

❖ 키워드
#현모양처 #안정적 #건설적 #배려심 #꾸준함 #기복 없음 #정체

    여왕의 동전 카드는 일명 '현모양처 카드'라고 부릅니다. 이 카드가 나오는 사람은 자신의 자리에서 상대를 깊게 배려하며 지원하는 경우가 많기 때문입니다. 연애 궁합운에서 여왕의 동전 카드가 나왔다면 결혼의 인연으로 좋다고 볼 수 있고, 부부 관계에서 현재 상황 자리에 이 카드가 나왔다면 편안해지고 경제적으로도 안정감이 있는 상태라고 볼 수 있습니다. 금전운 상담에서 여왕의 동전 정도의 수준이면 풍요로운 현 상태가 앞으로도 꾸준할 것임을 암시합니다. 그러나 진취성이 부족하고 정체기에 들어섰다고도 볼 수 있습니다.

실전 상담에서의 여왕의 동전 카드

1. 여왕의 동전 카드가 나올 때의 수입은 소년의 동전 카드의 2~3배 정도로 대기업 과장 연봉 수준이라고 볼 수 있습니다. 여왕의 동전 정도의 수준이라면 내담자의 상황이나 기준에 따라서 수입은 훨씬 더 클 수도 있습니다. 사업운에서 여왕의 동전 카드가 나왔다면 사업 흐름, 직원 관리, 재무 등 전반적으로 체계가 잘 잡힌 상태인 경우가 많았습니다.

2. 여왕의 동전 카드는 실전 상담에서 상황이 나쁘지는 않은데 설렘이 없을 때도 많이 나왔습니다. 예를 들면 금전운 상담에서 여왕의 동전 카드가 나오면 지금의 소득이나 사업 상황이 괜찮다고 말할 수 있지만 이대로 가면 안 되겠다는 생각을 동시에 하는 경우였지요. 연애 궁합운 상담에서도 여왕의 동전 카드가 나오면 이별할 이유도 없고 결혼까지 가도 괜찮은 관계이나 적극적으로 결혼을 추진하려는 의지는 약했습니다.

KING of PENTACLES
(왕의 동전)

KING of PENTACLES

❖ 키워드
#바위 #견고함 #권위 #부 #끈기 #노력 #오랜 시간 #정체기

왕의 동전은 14장의 동전 카드 중에 가장 높은 단계입니다. 왕의 동전 카드가 나오면 대부분 물질적으로는 만족한 상태입니다. 왕의 단계이기 때문에 권위와 권력도 가진 경우가 많습니다. 왕의 동전 카드는 메이저 4번 THE EMPEROR(황제) 카드와 비슷한 에너지를 갖고 있습니다. 고집과 소신이 있어 마음먹으면 끝까지 추진할 실력과 끈기가 있습니다. 다만 권력과 부를 다 가진 만큼 부족함이 없으니 초창기에 지녔던 열정과 의지가 많이 사라진 경우도 있었습니다.

실전 상담에서의 왕의 동전 카드

1. 금전운에서 왕의 동전 카드가 나왔다면 금전적인 수입은 내담자가 목표한 수준의 금액까지 도달할 수 있습니다. 직장운 상담에서 왕의 동전 카드가 나왔다면 임원이거나 부서장급이라고 볼 수 있습니다. 그러나 왕의 동전 카드가 나온 사람은 근본적으로 직장생활이 맞지 않고 내 사업이나 내 일을 해야 하는 경우가 많았습니다.

2. 내담자의 경력, 소득 수준, 실력이 높지 않은 상황인데 간혹 왕의 동전 카드가 나오는 경우가 있습니다. 이럴 때는 현재의 상황에 비해 목표가 지나치게 높은 경우였습니다. 또는 나의 부족함을 채워주는 특정 인물이나 회사가 존재하는 경우도 있었습니다.

CUPS(컵)
- 마음을 본다

마이너카드 중 컵 카드는 물의 에너지를 담고 있습니다. 물은 감정, 마음, 사랑, 인간관계에 대한 이야기를 전해주지요. 물은 어떤 모양의 그릇에 담느냐에 따라 형태가 자연스럽게 바뀝니다. 우리의 마음이 상대와 상황에 따라 변화하는 것과 같지요. 물의 시작은 맑고 깨끗한 상태입니다. 이를 마음 상태로 표현한다면 순수함, 진실함, 진정성이라고 볼 수 있지요. 하지만 맑은 물에 검은색 잉크를 한 방울 떨어뜨리면 서서히 물의 색이 변합니다. 마음이 변해가는 모습도 이와 같습니다.

물의 성향을 상징하는 컵 카드에 담긴 이야기를 들으면 우리의 마음과 인간관계에 대해 다시 한번 생각해보게 됩니다. 그럼 컵 카드들의 이야기를 1장씩 들어보겠습니다.

ACE of CUPS

PAGE of CUPS

KNIGHT of CUPS

QUEEN of CUPS

KING of CUPS

ACE of CUPS
(에이스 컵)

·((○ ✦ ○))·

❖ 키워드
#감성 #애정 #사랑의 시작 #새로운 기회 #모호함 #불안정

　물은 감정과 사랑을 나타내고, 에이스(ACE)는 시작을 의미합니다. 에이스 컵 카드가 나왔다면 새로운 감정과 사랑이 시작됨을 암시합니다. 하늘에서 나오는 손은 하늘의 운을 의미하고, 나에게 기회가 주어짐을 의미합니다. 에이스 컵 카드가 상징하는 기회는 다른 사람으로부터 받게 되는 좋은 제안이나 정보에 의한 기회인 경우가 많습니다. 하지만 그림을 살펴보면 컵에 물이 넘쳐서 흐르고 있습니다. 즉, 준비가 안 되어 있거나 다른 곳을 보고 있었다면 그것이 기회인지도 모르고 지나칠 수 있습니다. 에이스 컵 카드는 하늘의 운 영역 카드이므로 타로마스터는 추가 카드를 통해 운이 다가오는 시기의 예측이 가능합니다. 하지만 내담자는 나중에 그 시기에 기회가 오지 않았다고 할 수도 있습니다. 이것이 에이스 동전 카드와 에이스 컵 카드의 차이점입니다. 에이스 동전 카드가 알려주는 기회는 구체적이지만, 에이스 컵 카드가 알려주는 기회는 모호하게 오기 때문에 모르고 지나칠 수 있습니다. 컵의 특성상 인간관계나 애정 측면에서는 좋은 카드이지만, 금전운에서는 구체성이 없고, 불안정할 수 있습니다.

실전 상담에서의 에이스 컵 카드

1. 에이스 동전 카드의 기회는 헤드헌터가 나에게 연락을 해서 이직 제안을 하는 경우입니다. 반면에 에이스 컵 카드의 기회는 내가 원하는 자리로는 좀처럼 구인 공고가 나지 않았었는데, 자리가 비면서 구인 공고가 나는 정도의 기회라고 볼 수 있습니다.

2. 에이스 컵 카드는 새로운 인연, 직장, 장소에서 감정적인 만족과 행복을 찾았을 때 나오는 경우가 많았습니다.

CUPS II
(2번 컵)

+((○✷○))+

❖ 키워드
#교환 #의사소통 #협상 #계약 #균형 #이해 #사랑

　2번 컵 카드를 보면 연인이 서로의 컵을 교환합니다. 이는 의사소통이 잘되고, 협상이나 계약이 성사됨을 의미합니다. 그림에서 두 컵의 위치를 보면 균형이 잘 맞습니다. 이는 어긋나거나 깨졌던 것이 정상으로 돌아오는 과정에 놓임을 암시합니다.

실전 상담에서의 2번 컵 카드

1. 연애운 상담에서 연인끼리 다툰 후 서로 화해하고 다시 잘해 보려고 할 때 2번 컵 카드가 자주 나왔습니다. 이별 후 연락을 하지 않는 중인데 2번 컵 카드가 나오면 다시 연락하게 되는 경우도 많았습니다.

2. 금전운 상담에서 부동산을 매물로 내놓았는데 거래가 이루어지지 않아서 고민이던 사람이 2번 컵 카드가 나온 후 구매자가 나타나서 매매 계약을 한 적이 있습니다. 이처럼 2번 컵 카드가 나오면 잘 풀리지 않던 계약, 협상, 소통이 추후 긍정적으로 풀리는 경우가 많았습니다.

CUPS Ⅲ
(3번 컵)

+‹‹○ ✦ ○›› +

❖ 키워드
#유희 #축하 #화합 #파티 #삼각관계 #현실과는 거리가 있음

3번 컵 카드를 보면 3명의 여성이 춤을 추며 건배합니다. 서로를 축하하고 즐거워하는 모습에서 세 사람이 잘 화합하고 있음이 보입니다. 3번 컵 카드는 휴식, 유희, 레저 주제에서는 좋은 카드입니다. 하지만 놀고 즐기는 모습이기 때문에 학업, 연구, 사업에서는 근성과 치밀함이 부족함을 가리킵니다. 등장인물이 3명이라는 점은 연애 궁합운 질문에서 삼각관계로 해석될 때도 있습니다.

실전 상담에서의 3번 컵 카드

1. 연애 궁합운 상담에서 상대방이 나를 생각하는 마음을 물었을 때 3번 컵 카드가 나오면 연애는 좋지만 결혼까지 진지하게 생각하는 단계는 아닌 경우가 많았습니다.

2. 3번 컵 카드가 금전운 상담에서 나오면 분위기는 좋으나 실제 성과는 기대에 못 미치는 경우가 많았습니다. 돈 관리가 잘 안되는 경우도 있었습니다. 만일 사업 분야가 주류, 커피숍 등 유흥이나 레저와 관계되었다면 3번 컵 카드를 긍정적으로 해석할 수 있습니다.

CUPS IV
(4번 컵)

+‹‹○✳○›»+

❖ 키워드
#무관심 #짜증 #지겨움 #지침 #무기력

4번 컵 카드를 보면 남자 앞에 3개의 금잔이 놓여 있고 하늘에서 새로운 금잔 하나가 내려와 건네지는 중입니다. 하지만 남자는 무슨 일인지 팔짱을 끼고 금잔에 관심을 주지 않습니다. 남자는 모든 상황이 무료하고 짜증스러운 표정입니다. 4번 컵 카드는 본인도 이유를 알 수 없는 무기력과 권태기에 빠진 상황을 가리킵니다. 이런 경우에는 기존에 하던 것이 아닌 새로운 동기부여나 자극이 필요합니다. 그렇지 않으면 의외로 이 상태가 오래갈 수 있습니다.

실전 상담에서의 4번 컵 카드

1. 연애 솔로운 상담에서 4번 컵 카드가 나오면 새로운 연애를 할 마음이 없거나 귀찮은 상태였습니다. 연애 궁합운 상담에서 권태기인 경우 4번 컵 카드가 자주 나왔습니다.

2. 금전운 상담에서 4번 컵 카드가 나오면 다른 사람들이 보기에는 괜찮은 조건과 수입이지만 내담자는 의욕이 없고 정체기라고 느끼는 경우가 많았습니다. 주변 사람들로부터 배부른 소리한다는 말을 들을 수도 있습니다.

CUPS V
(5번 컵)★

+·《《○❋○》》·+

❖ 키워드
#실망 #비탄 #되돌릴 수 없음 #시야가 좁음 #가능성 있음

5번 컵 카드를 보면 남자는 앞에 쓰러진 3개의 컵을 보면서 실망합니다. 하지만 이미 엎질러진 물은 바닥에 스며들어서 되돌릴 수 없습니다. 남자의 모습에서 실망을 넘어 비탄에 가까운 감정이 느껴집니다. 5번 컵 카드가 나왔다면 내담자가 현재 실망이나 좌절감에 빠진 경우가 많습니다. 하지만 카드의 그림을 자세히 보면 남자는 쓰러진 3개의 컵을 보느라 등 뒤에 제대로 서 있는 컵 2개를 보지 못하는 중입니다. 이는 현재 상황이 생각보다 나쁘지 않고 희망이 존재함을 의미합니다.

실전 상담에서의 5번 컵 카드

1. 실전 상담에서 5번 컵 카드가 나오면 크게 실망한 경우가 많았습니다. 연애 궁합운 상담에서는 이별을, 직장운 상담에서는 퇴사를 생각할 정도였습니다. 내담자의 실망감이 이 정도라는 것을 인지하고 상담할 필요가 있습니다.

2. 5번 컵 카드가 나왔다면 우선 내담자의 실망스러운 상황에 공감해주어야 합니다. 그 후에 쓰러지지 않은 컵 2개가 무엇을 의미하는지 다른 타로카드들을 통해서 내담자와 함께 찾아낼 필요가 있습니다.

CUPS VI
(6번 컵)★

+‧《《 ○ ❋ ○ 》》‧+

❖ 키워드
#회상 #미련 #순수함 #비현실성 #기회 #제안

6번 컵 카드를 보면 어린 소년이 소녀에게 꽃을 건넵니다. 이는 어린아이의 순수함을 의미하지만, 현실성이 부족함을 가리키기도 합니다. 꽃을 주고받는 모습은 기회나 연락이 온다고 해석할 때도 있습니다. 6번 컵 카드의 색감은 오래된 앨범 속 빛바랜 사진 같은 느낌을 주기도 합니다. 이것은 지나간 인연이 다시 나타남을 가리켜 연애운 상담에서는 미련, 재회를 의미할 때도 있습니다. 금전운 상담에서는 오랫동안 해오던 일이나 직장과의 인연이 앞으로 계속 이어질 것을 뜻합니다.

실전 상담에서의 6번 컵 카드

1. 6번 컵 카드는 소꿉놀이 내지 동화 같은 느낌을 주는 카드라서 비현실적인 상황에서 자주 나옵니다. 연애 솔로운 상담에서는 눈이 너무 높거나 운명 같은 인연을 기다리고 있을 때 6번 컵 카드가 나왔습니다. 금전운 상담에서는 현실에 비해 이상이나 목표가 너무 높을 때 나왔습니다.

2. 6번 컵 카드는 미련 때문에 새로운 인연이나 기회를 잡는 것을 주저할 때 나왔습니다. 연애운 상담에서는 헤어진 애인을 향한 미련으로 새로운 연애가 잘 풀리지 않을 때 나왔습니다. 금전운 상담에서는 하고 싶은 일이 있는데 현실은 다를 때 자주 나왔습니다.

CUPS VII
(7번 컵)

❖ 키워드

\#허상 \#환상 \#비현실성 \#막연함 \#불안함 \#욕심 \#콩깍지

7번 컵 카드를 보면 한 사람이 구름 위 금잔에 놓인 보석, 월계관, 용 등을 바라보는 중입니다. 모두 내가 가질 수 있을 것 같지만, 이 모든 것이 구름 위에 있어서 허상, 환상에 불과하지요. 중앙의 컵은 흰 천으로 뒤덮여 있어 선택에 따라 변화 가능함을 의미합니다. 7번 컵 카드는 구체적인 계획이나 실행은 없고 막연한 꿈만 있거나

하고 싶은 것만 많을 때 자주 나옵니다. 하지만 7번 컵 카드가 나올 때의 감정은 설렘과 기대감으로 가득 차 있습니다. 그래서 연애 궁합운 상담에서 상대방이 나를 생각하는 마음 자리에 7번 컵 카드가 나오면 상대방은 나에 대한 환상을 갖고 있는 경우가 많았습니다.

실전 상담에서의 7번 컵 카드

1. 진로 또는 사업 계획처럼 앞으로의 목표와 방향을 정해야 할 때 7번 컵 카드가 나온다면 내담자는 추상적인 이야기를 많이 하는 경향을 보였습니다. 내담자의 생각이 계속 바뀌기 때문에 상담 시간은 길어집니다. 긴 상담 시간 동안 뜬구름 잡는 이야기만 나누는 경우도 있었습니다.

2. 7번 컵 카드는 정말 하고 싶은 일이나 마음을 설레게 하는 사람이 있을 때도 자주 나왔습니다. 일명 '콩깍지 카드'라고도 부르는 이유입니다. 아직 손에 쥐지 못한 금잔들이기 때문에 기대감이 더 큰 것이라고 볼 수 있습니다. 만일 연애 궁합운에서 상대방이 나를 생각하는 마음 자리에 7번 컵 카드가 나왔다면 전략적으로 자신의 현실을 늦게 보여주는 편이 현명할 때도 있었습니다.

CUPS Ⅷ
(8번 컵)★

+‹‹○ ✳ ○››+

❖ 키워드
#미련 #착잡함 #이동수 #새로운 시작 #해외

8번 컵 카드를 보면 금잔을 뒤로하고 떠나는 남자의 발걸음이 무거워 보입니다. 남자는 금잔에 미련이 남았지만 새로운 시작을 위해 떠나야 하는 입장입니다. 밤하늘의 개기월식 현상은 본심을 숨기고 있다는 뜻입니다. 8번 컵 카드가 나오면 말로는 떠날 것이라고 하면서도 본심은 떠나야 한다는 생각과 남고 싶은 미련 사이에서 갈등 중입니다. 물을 건너는 모습은 이동수, 이직, 해외를 의미하기도 합니다.

실전 상담에서의 8번 컵 카드

1. 8번 컵 카드가 나오면 장기적인 관점에서는 떠나는 선택이 옳은 경우가 많았습니다. 예를 들면 연인 관계에서는 이별이, 직장에서라면 이직이 맞는 상황이지요. 내담자 역시 떠나는 것이 맞음을 머리로는 알지만 미련 때문에 오랜 기간 떠나지 않는 경우가 많았습니다.

2. 8번 컵 카드는 다른 이동수 키워드의 카드들과 함께 나오면서 이동 가능성을 확실하게 말해줄 때가 많았습니다. 해외 키워드의 카드들과도 함께 나오면서 해외와 관련된 이슈가 곧 생길 것임을 강하게 암시했습니다.

CUPS IX
(9번 컵)

+·((○ ✦ ○))·+

❖ 키워드
#여유로움 #안정감 #나태함 #게으름 #좁은 시야

9번 컵 카드를 보면 남자가 팔짱을 끼고 여유롭게 만족한 표정
으로 앉아 있습니다. 이것은 마음의 여유와 평온을 의미합니다. 하
지만 앉은 자세로 볼 때 좀처럼 자리에서 일어나지 않을 것 같습니
다. 그래서 더 이상의 열정이 없고, 나태한 상태를 의미하기도 합니
다. 남자는 파란 천막 뒤에서 아이들이 말썽을 피우고 있는데 그것

을 모릅니다. 9번 컵 카드는 현재 상황이 여유로워도 문제가 없는 사람에게는 긍정적인 의미의 카드이지만 열심히 앞으로 달려야 할 사람에게 나오면 부정적입니다.

실전 상담에서의 9번 컵 카드

1. 9번 컵 카드가 연애 궁합운에서 나오면 연애 기간에 따라 달리 해석됩니다. 만일 만난 지 6개월 정도 된 연인 관계에서 9번 컵 카드가 나왔다면 서로 편안해지기는 했지만 설렘과 노력이 확실히 떨어져서 상대에게 서운함을 느낄 수 있습니다. 20년 된 부부 사이에서 9번 컵 카드가 나왔다면 경제적으로나 심리적으로 편안한 관계여서 만족스러운 상황이라고 볼 수 있습니다.

2. 9번 컵 카드가 마음을 불편하게 하는 일이나 관계가 있을 때 나오면 곧 그 문제나 인간관계가 정리되고 마음이 편안해진다고 예측이 가능합니다.

CUPS X
(10번 컵)

+《《○ ✳ ○》》+

❖ 키워드
#행복 #즐거움 #화목함 #결혼 #평화로움 #안정적

10번 컵 카드를 보면 행복한 듯한 부부 옆에 즐거운 표정의 아이들이 함께합니다. 하늘의 무지개 위로는 10개의 금잔이 떠 있습니다. 숫자 10은 완성을 의미합니다. 10번 컵 카드는 감정과 관계의 완성을 상징합니다. 그래서 연애 궁합운에서는 결혼을, 금전운에서는 안정적으로 자리 잡는 것을 의미합니다. 감정적인 문제가 있었다면 곧 해결되고 순조롭게 진행됩니다.

실전 상담에서의 10번 컵 카드

1. 10번 컵 카드가 애정, 인간관계 질문에서 나오면 대부분 긍정적이라고 볼 수 있습니다. 다만 내담자가 상대방과 거리를 두고 싶은데 10번 컵 카드가 나오면 부정적으로 해석됩니다. 예를 들면 직장 상사가 주말마다 불러내서 개인적인 취미를 함께하는 것이 싫을 때 10번 컵 카드가 나오기도 했습니다.

2. 소송, 인간관계 정리, 퇴사 등 기존의 것을 정리하고 새롭게 시작하고 싶은 상황에서 10번 컵 카드가 나오면 부정적이었습니다. 10번 컵 카드는 현 상태를 안정적으로 유지하는 에너지를 가진 카드이기에 소송이 쉽게 끝나지 않고, 인간관계와 직장도 정리가 잘 안 되기 때문입니다.

PAGE of CUPS
(소년의 컵)

+·(《○ ✳ ○》)·+

PAGE of CUPS

❖ 키워드

#상상력 #감수성 #호감 #순수함 #비현실적 #연약함 #불안정

    소년의 컵 카드는 상상력과 감수성이 시작됨을 의미합니다. 현재는 강력한 힘이나 영향력이 없지만 다양한 형태로 성장할 가능성이 있습니다. 연애 궁합운에서는 좋은 감정이 시작하는 단계로 설렘 가득한 만남이라고 볼 수 있습니다. 금전운에서는 앞으로 잘될 것 같은 가능성이 보이고, 기대감이 생기는 경우가 많았습니다. 소년의 컵 카드가 나오면 불안정하지만 흥미를 갖고 해볼 만한 상태입니다.

실전 상담에서의 소년의 컵 카드

1. 오래된 연인이나 부부를 상담할 때 현재 관계를 보여주는 자리에 소년의 컵 카드가 나오는 경우가 종종 있습니다. 소년의 컵 카드는 만난 지 얼마 안 되는 사이일 때 나오는 카드라고 알고 있기 때문에 이런 경우 고민에 빠지게 됩니다. 이럴 때는 일반적으로 3가지 경우로 나눠봅니다. 우선 첫 번째로 오래된 연인이라면 사귄 기간은 오래됐지만 장거리 연애를 길게 했거나 만남과 이별이 반복된 사이일 가능성이 있습니다. 두 번째로 둘 중 1명 또는 둘 다 바람을 피우고 있어서 제3자에게 설렘을 느끼는 경우입니다. 세 번째는 만난 기간은 오래됐지만 연애 초기처럼 서로 설렘과 애틋함을 품은 경우입니다. 이 중 어떤 경우인지는 주변의 다른 카드들과의 조합을 보면 알 수가 있습니다.

2. 사업운에서 소년의 컵 카드가 나오면 새롭게 사업을 시작했거나 신규 프로젝트 또는 신상품 출시를 진행 중인 경우가 많았습니다. 소년의 컵은 변동성이 큰 카드로 지금의 계획과는 다른 형태로 일이 진행될 수 있습니다. 소년의 컵 카드가 나왔다면 큰 투자나 장기 계약은 하지 않는 것이 좋습니다.

KNIGHT of CUPS
(기사의 컵)

+((○ ✳ ○))+

❖ 키워드

#제안 #새로운 기회 #결혼 #귀인 #이직 #이동수

    기사의 컵 카드는 일명 '백마 탄 왕자님 카드'라고 부릅니다. 잠든 백설공주를 깨우는 백마 탄 왕자 같은 존재가 곧 다가올 것임을 암시하는 카드입니다. 기사의 컵 카드는 지상의 운 영역에 해당하는 카드로 귀인, 회사, 연인이 나에게 좋은 제안을 할 수 있습니다. 실전 상담에서 기사의 컵 카드가 나오면 해석하기 까다로울 수 있는데, 좋은 기회가 올 것임을 말해주는 카드라 생각하고 질문과 주변 카드와의 조합을 통해 그 기회가 어떤 것일지를 추론하면 됩니다. 운 영역에 해당하는 카드로 추가 카드를 뽑아서 언제쯤 기회가 올지도 볼 수 있습니다.

실전 상담에서의 기사의 컵 카드

1. 기사의 컵 카드가 연애 솔로운 상담에서 나오면 결혼으로 가는 문이 열리는 경우가 많았습니다. 특히 메이저 5번 THE HIEROPHANT(교황) 카드, 메이저 21번 THE WORLD(월드) 카드, 10번 컵 카드처럼 결혼을 의미하는 카드들이 함께 나오면 결혼의 인연이 강함을 예측할 수 있습니다.

2. 기사의 컵 카드가 나오면 환경의 변화에 의해 다가오는 기회보다 직접적인 제안에 의해 오는 기회가 많았습니다. 상대방 또는 회사에서 연락을 주는 형태로 기회가 오기 때문에 추가 카드를 뽑아 그 시기를 보고 기회를 놓치지 않도록 조언해줄 필요가 있습니다. 재회 상담에서 기사의 컵 카드가 나오면 헤어진 연인에게 연락이 올 수 있다고 말해줄 수 있습니다.

QUEEN of CUPS
(여왕의 컵)

+‹《○ ✳ ○》›+

QUEEN of CUPS

❖ 키워드
#풍부한 감성 #사랑 #창의성 #비현실성 #감정 기복 #불안정

여왕의 컵 카드는 물의 에너지가 넘치는 카드입니다. 컵과 여왕 둘 다 물의 에너지를 의미하기 때문입니다. 여왕의 컵 카드는 감성과 사랑이 풍부한 카드로 애정이나 인간관계에 있어 상대를 향한 마음이 진심이고 순수합니다. 이해관계가 없는 사이에서 여왕의 컵 카드가 나온다면 긍정적으로 볼 수 있습니다. 하지만 금전 주제에서 여왕의 컵 카드가 나오면 현실성이 떨어지고, 공상만 하는 경우일 수 있습니다. 또한 물이 넘친다는 것은 감정 기복이 크고 금방 질릴 수 있음을 의미하기도 합니다.

실전 상담에서의 여왕의 컵 카드

1. 여왕의 컵 카드가 금전운 상담에서 나오면 금전의 흐름이 안정적이지 않은 경우가 많았습니다. 성수기와 비수기처럼 기복이 있었지요. 또는 사업이나 일을 운영하는 사람의 컨디션이나 감정 상태에 따라 금전 흐름이 직접적인 영향을 받는 경우도 있었습니다.

2. 여왕의 컵 카드가 나오면 주변 상황이나 사람에 영향을 받는 경우가 많았습니다. 즉, 주변에 누가 있는지에 따라서 감정이나 결정이 바뀌었습니다. 여왕의 컵 카드는 변동성이 큰 카드로 좋은 상황이 안 좋아질 수도 있지만, 나쁜 상황도 한 가지의 변화로 인해 180도 좋게 바뀔 가능성이 있음을 뜻합니다.

KING of CUPS
(왕의 컵)

+·《《○✳○》》·+

KING of CUPS

❖ 키워드
#풍부한 감성 #진심 #우유부단 #사람만 좋음 #불안정 #나약함

왕의 컵 카드 속 왕은 감정과 사랑의 왕으로 진실하고 순수한 마음의 소유자입니다. 물의 성향이 거의 그렇듯이 이해관계가 없을 때는 긍정적이나 이해관계가 걸린 경우에는 실망을 주는 부분이 생깁니다. 연애 궁합운에서 왕의 컵 카드가 나온다면 두 사람이 진심으로 사랑하지만 결혼, 경제적 문제 같은 현실적인 문제를 해결하는 데에는 취약할 수 있습니다. 왕의 컵 카드를 자세히 보면 왕의 눈빛이 불안정하고 정확한 계획이나 굳은 결의가 보이지 않습니다. 물 위에 떠 있는 왕좌는 불안해 보이기도 합니다. 금전운 상담에서 왕의 컵 카드가 나오면 기본적으로 왕의 단계이기 때문에 돈이 되는 일이고 성과도 어느 정도 있겠지만 기대에 못 미치는 결과를 얻을 수 있습니다. 불안정한 상태이기 때문에 타이밍에 따라 결과가 크게 달라질 수도 있습니다.

실전 상담에서의 왕의 컵 카드

1. 상대방이 나를 생각하는 마음을 질문했을 때 왕의 컵 카드가 나오면 악감정이나 악의가 없음에도 불구하고 상대방이 나에게 피해를 끼치는 경우가 종종 있었습니다. 이런 경우 상대방은 진심(좋은 마음)인데 그 마음이 나에게는 피해가 되는 경우라서 내담자로서는 더 답답한 상황이지요. 상대를 비난하거나 관계를 단번에 끊는 것이 어렵습니다.

2. 내담자는 결혼을 빨리 하고 싶은데 애인 쪽에서 왕의 컵 카드가 나오면 내담자는 속이 탑니다. 왕의 컵 카드는 마음에 비해서 결단력과 실행력이 떨어질 때 나오는 카드이기 때문입니다. 내담자는 애인이 좋은 사람이고 자신을 사랑해주는 것은 고맙지만 결혼을 추진하지 못하는 상황에 대해서는 불만을 품게 되지요. 이런 상태가 오래 지속되었다면 헤어질 명분이 없어서 계속 만나고 있는 것일 수도 있습니다.

SWORDS(칼)
– 생각을 본다

마이너카드 중 칼 카드는 바람의 에너지를 담고 있습니다. 동시에 칼의 특성도 보여줍니다.

우선 바람은 생각, 아이디어, 변화, 말(소통)에 대해 이야기해줍니다. 바람은 형체가 없고 스쳐 지나갑니다. 속도도 빠릅니다. 바람은 공간의 제약을 받지 않아 어디서든 존재가 가능합니다. 머릿속의 생각과 아이디어는 바람 같은 형상입니다. 생각과 아이디어는 바람이 불어오듯 불현듯이 떠오르고 그것을 구체화하지 않으면 스쳐 지나가거나 금세 변화합니다. 우리의 생각은 빛의 속도보다 빠르다는 말처럼 장소에 구애받지 않고 확장과 변화를 반복합니다.

칼의 특성을 살펴봅시다. 칼날은 날카롭고 차갑습니다. 이는 이성적인 판단, 냉정함, 상처 등을 의미합니다. 칼 카드에 그려진 그림들은 다른 마이너카드들에 비해 무서운 그림이 많습니다. 칼의 날카로운 속성이 늘어날수록 상처가 커지기 때문입니다. 칼 카드의 그림이 상징하는 상처는 육체적인 상처가 아닌 정신적인 고통에서 비롯된 마음과 영혼의 상처입니다.

바람과 칼의 성향을 가리키는 칼 카드는 우리의 생각, 정신 상태, 상처에 대해 다시 한번 생각해보게 합니다. 그럼 칼 카드들의 이야기를 1장씩 들어보겠습니다.

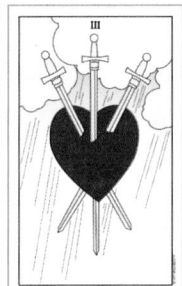

ACE of SWORDS

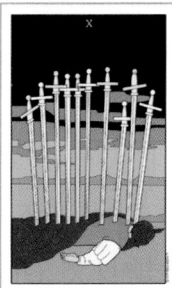

PAGE of SWORDS

KNIGHT of SWORDS

QUEEN of SWORDS

KING of SWORDS

173

ACE of SWORDS
(에이스 칼)

+·((○ ❖ ○))·+

❖ 키워드
#기회 포착 #고민 #구체성 결여 #순간적인 생각 #예민함

에이스(ACE, 숫자 1)는 시작을, 칼은 생각을 의미합니다. 에이스 칼 카드는 새로운 생각과 아이디어가 시작될 때 자주 나옵니다. 에이스 칼 카드를 보면 큰 검을 한 손으로 꽉 움켜잡고 있습니다. 이는 생각과 아이디어를 잡은 상태를 가리킵니다. 즉, 이 검으로 무엇을 베어야 할지 고민하는 단계입니다. 생각만 하고 있을 뿐 현실에서 실행된 것은 생각에 비해 미약하거나 없는 경우가 많습니다. 오히려 생각과 아이디어가 너무 많아 실천력이 떨어지고 예민해지는 경우도 종종 있습니다. 에이스 칼 카드가 나왔다면 새롭게 시작하는 산뜻한 흐름을 잡아서 발전시켜나가야 합니다. 칼 카드는 연락이나 대화를 뜻하기도 해서 연락이나 만남의 시작을 암시하기도 합니다.

실전 상담에서의 에이스 칼 카드

1. 에이스 칼 카드가 연애 궁합운 상담에서 나오면 1~2번 만난 사이이거나 연락을 시작한 지 얼마 안 된 경우가 많았습니다. 그만큼 두 사람의 관계에 깊이가 떨어진다고 볼 수도 있지요. 상대방이 나를 생각하는 마음을 질문했을 때 에이스 칼 카드가 나왔다면 나에 대한 생각이나 마음이 아직은 크다고 볼 수 없습니다.

2. 에이스 칼 카드가 금전운이나 사업 상담에서 나오면 아이디어를 구상하는 중이거나 신규 사업을 추진 중인 경우가 많았습니다. 특히 아이디어 구상 중인 경우 상담 시간이 길어지는 경향을 보였습니다. 상담 결과에 따라서 아이디어가 계속 생성되어 새로운 질문이 이어졌기 때문입니다.

SWORDS II
(2번 칼)★

+‹‹○ ✳ ○›› +

✤ **키워드**
#방어 자세 #고립 상태 #2개의 선택지 #양다리

2번 칼 카드를 보면 한 사람이 눈을 가린 채 칼 2개를 들고 방어 자세를 취하고 있습니다. 그런데 자세히 보면 등 뒤쪽은 낭떠러지가 아니고 위협하는 적도 없습니다. 실제적인 위협은 없는 상황인데 눈을 가리고 있어서 실체 없는 걱정과 두려움에 휩싸인 상태라고 볼 수 있습니다. 2개의 칼과 방어 자세는 2가지의 선택지 사이에서 이러지도 저러지도 못하는 상황을 가리킵니다. 이런 경우 보통 현 상태를 유지하면서 긴 고민의 시간을 갖습니다.

실전 상담에서의 2번 칼 카드

1. 2번 칼 카드가 나오면 둘 중 하나를 선택하지 못해 고민하는 경우가 많았습니다. 예를 들면 '지금 회사를 계속 다닐까, 말까?', 'A를 할까, B를 할까?', '어머니 편을 들어야 하나, 아내의 편을 들어야 하나?' 같은 고민이지요. 만일 지금 회사를 다니고 있다면 다니는 상태를 생각보다 오래 유지하면서 고민을 이어갑니다.

2. 2번 칼 카드가 나오면 연애 궁합운 상담에서는 양다리를 걸친 상황, 금전운 상담에서는 본업과 부업을 동시 진행 중인 경우가 종종 있었습니다. 주변의 다른 타로카드들 중에 양다리 상태임을 암시하는 카드들이 있다면 더욱 확실하게 그런 상태라고 추론할 수 있음을 기억해야 합니다.

SWORDS III
(3번 칼)★

+·‹‹○ ✺ ○›·+

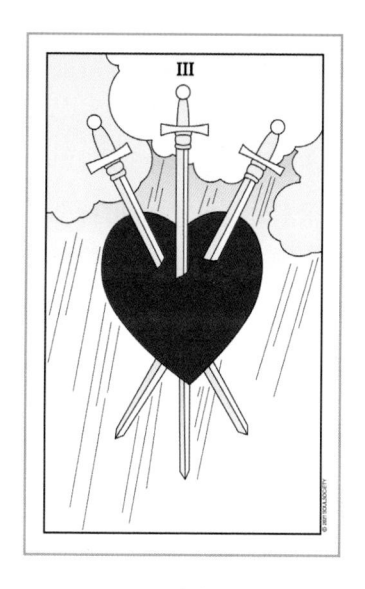

❖ 키워드

#상처 #이별 #슬픔 #심적 고통 #트라우마 #큰 변화 #절실함

3번 칼 카드는 하트에 칼 3개가 꽂힌 그림이 그려져 있어 일명 '심장에 칼 꽂힌 카드'라고 부릅니다. 이 카드는 말로 표현하기 힘들 정도로 큰 고통을 겪을 때 나옵니다. 지금이 아니더라도 과거의 아픈 상처, 이별, 슬픔 등으로 인해 이 카드가 나올 수도 있습니다. 만일 현재의 마음이 3번 칼 카드의 그림처럼 힘들다면 시간이 지나

회복되기를 기다리는 수밖에 없습니다. 간혹 갑작스럽고 커다란 변화가 있을 때나 어떤 것을 절박하게 원할 때 3번 칼 카드가 나오기도 합니다.

실전 상담에서의 3번 칼 카드

1. 어떤 주제의 상담이든 3번 칼 카드가 나왔다면 내담자는 지금 상담받는 주제에 대해 비중 있게 생각 중입니다. 예를 들어 연인 간에 이 카드가 나왔다면 두 사람이 싸우기 전에는 신뢰했고 사랑했을 가능성이 큽니다. 사랑하고 믿었기 때문에 큰 상처가 생긴 상황이지요. 나에게 의미 없는 사람과의 관계나 일이 잘 안 풀렸을 경우에는 3번 칼 카드가 안 나옵니다. 믿었고 간절했던 것을 두고 실패나 배신을 겪을 때 3번 칼 카드가 나옵니다.

2. 3번 칼 카드는 실전 상담에서 부정적으로 해석될 때가 더 많습니다. 그런데 정말 큰일을 앞두고 있거나 절박할 때도 3번 칼 카드가 나오기도 합니다. 만일 수능 시험을 앞두고 있는 학생에게 3번 칼 카드와 메이저 4번 THE EMPEROR(황제) 카드가 같이 나왔다면 '이 학생은 이번 수능을 죽을 각오로 열심히 보겠다'라고 볼 수 있습니다. 3번 칼 카드가 부정의 의미가 아닌 절실함의 의미로 해석되는 경우입니다.

SWORDS Ⅳ
(4번 칼)

+‹((○ ✳ ○))›+

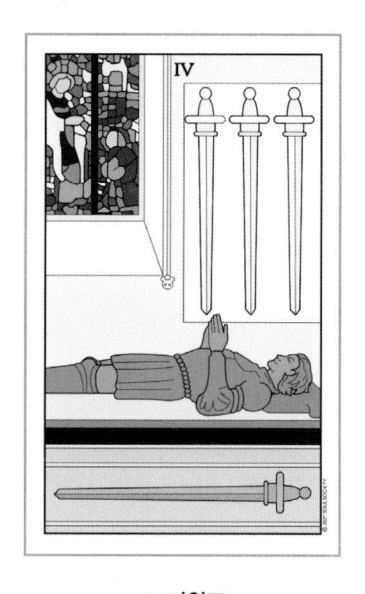

❖ **키워드**
#휴식 #정체기 #포기 #정적 에너지 #기다림 #비움 #회복의 시간

4번 칼 카드를 보면 남자가 누워 있습니다. 얼핏 보면 죽은 사
람처럼 보이지만 손을 모아 기도하는 모습으로 짐작할 때 이 남자
는 죽지 않았습니다. 4번 칼 카드는 휴식이 필요할 때 나오는 카드
이지만 그 시간이 길어지면 다시 일어나기 힘듦을 의미합니다. 4번
칼 카드는 에너지의 흐름으로 볼 때 백지 카드처럼 무(無)인 상태의

카드입니다. 상대방을 생각하는 마음에서 4번 칼 카드가 나왔다면 미움도 사랑도 아닌 감정입니다. 만일 사업의 미래를 물었다면 정체기 또는 폐업으로도 예상이 가능합니다.

실전 상담에서의 4번 칼 카드

1. 4번 칼 카드가 메이저 0번 THE FOOL(바보) 카드, 4번 컵 카드, 백지 카드처럼 무(無)의 에너지를 가진 카드들과 같이 나오는 경우가 종종 있습니다. 이럴 때는 큰 틀에서 보면 '의미가 없어진다'는 뜻으로 해석이 가능한데요. 계약상의 문제, 채무 관계, 원한과 같이 부정적인 상황에서 이런 백지의 에너지가 나온다면 마이너스(-) 상황이 제로(0)의 상황이 되는 격이므로 긍정적입니다. 반대로 상황이 역동적으로 움직여야 하는 경우에 4번 칼 카드가 나온다면 움직임이 없어지기 때문에 부정적입니다. 예를 들면 기대하고 있는 거래가 앞으로 어떻게 될지를 묻는 질문에서 미래를 의미하는 자리의 타로카드들로 4번 칼 카드와 메이저 0번 THE FOOL(바보) 카드가 동시에 나왔다면 그 거래는 없던 일이 될 수 있는 것이지요.

2. 4번 칼 카드는 기다려야 하는 순간에 나오기도 합니다. 때가 오기 전까지는 아무것도 안 하고 기다리는 것만이 최선일 때가 있는데요. 조언점 카드로 4번 칼 카드가 나왔다면 지금 무의미한 일을 열심히 하고 있는 것은 아닌지 체크해볼 필요가 있습니다.

SWORDS V
(5번 칼)★

+‹‹○✳○››+

❖ **키워드**

#실패 #비참함 #고통 #배신 #모두가 패자 #예상치 못함

5번 칼 카드를 보면 한 남자가 칼을 모두 빼앗은 후 비웃고 있습니다. 칼까지 빼앗긴 2명의 사람들은 쓸쓸하게 뒤돌아가는 중입니다. 뒤돌아선 2명의 입장이라면 단순한 패배가 아니라 비참할 정도의 패배를 겪은 상황입니다. 칼을 빼앗고 웃고 있는 입장이라고 해도 상대를 누르는 과정에서 본인 또한 큰 피해를 입었습니다. 5번 칼 카드의 등장인물 중 승리자는 아무도 없습니다. 그래서 이 카드를 일명 '패배자 카드'라고 부릅니다. 5번 칼 카드는 예상치 못한 배신이나 실패의 상황에서 자주 나옵니다. 또는 감정적으로 매우 지쳐 있거나 상처가 클 때도 나옵니다.

실전 상담에서의 5번 칼 카드

1. 5번 칼 카드와 동시에 자주 나오는 카드가 3번 칼 카드(심장에 칼 꽂힌 카드)입니다. 이런 경우 갑작스러운 변화, 이별, 손해 때문에 심적으로 매우 힘든 상태라고 볼 수 있습니다. 만일 현재 전혀 그런 상황이 아니라면 가까운 시일 내에 예상치 못한 변화가 들이닥칠 것입니다. 추가 카드를 통해서 어떤 변화인지, 시기는 언제쯤인지 볼 수 있습니다.

2. 5번 칼 카드는 메이저 16번 THE TOWER(타워) 카드와 함께 나오는 경우도 종종 있습니다. 5번 칼 카드가 상징하는 정도의 충격과 상처는 외부의 에너지가 들어와야 만들어집니다. 그래서 메이저 16번 THE TOWER(타워) 카드가 함께 나오지 않더라도 타워 카드가 5번 칼 카드의 숨겨진 에너지라고 볼 수 있습니다.

SWORDS VI
(6번 칼)★

+((○✳○))+

❖ **키워드**
#미련 #망설임 #이동 #새로운 시작 #해외

　6번 칼 카드를 보면 사람들이 나룻배를 타고 어디론가 떠나는 중입니다. 그 모습이 행복하거나 설렌다기보다는 착잡하고 쓸쓸해 보입니다. 이동 속도가 느린 것으로 볼 때 기존의 것에 미련이 있고 떠남에 망설임이 있는 듯합니다. 그림을 자세히 보면 가까운 쪽의 물살은 강해 보이지만 멀리 보이는 물살은 잔잔합니다. 이는 장기적인 관점으로 봤을 때 떠남이 옳은 선택임을 의미합니다. 물을 건너서 이동하는 모습은 이동수, 이사, 이직, 해외를 의미하기도 합니다.

실전 상담에서의 6번 칼 카드

1. 6번 칼 카드가 실전 상담에서 나올 경우 강력하게 적용되는 키워드는 '미련'입니다. 칼 카드이기 때문에 이성적으로는 떠나는 것이 맞다는 판단을 하지만, 아직은 현 상태에서 가능성과 희망이 있다는 판단도 들어서 쉽사리 이동하지 못합니다. 예를 들면 현재 가게 매출이 오랫동안 저조한 탓에 접는 게 맞다고 판단했지만, 다시 살릴 수 있을 것이라는 희망도 동시에 가진 상태이지요. 이런 경우 현 상태를 예상보다 오랫동안 유지합니다.

2. 6번 칼 카드는 8번 컵 카드와 비슷한 에너지를 가진 카드입니다. 그래서 실전 상담에서 함께 잘 나오기도 하지요. 두 카드가 동시에 나오면 공통 키워드인 미련, 이동수, 해외 이슈가 강하게 적용된다고 보면 됩니다.

SWORDS Ⅶ
(7번 칼)★

+‹‹○ ✳ ○››+

❖ 키워드
#미련 #아쉬움 #후회 #그리움

    7번 칼 카드를 보면 남자가 5개의 칼을 안고 도망가려고 합니다. 하지만 남겨진 2개의 칼에 대한 미련이 있는 듯 바라보는 중입니다. 이 카드의 핵심 키워드는 '미련'입니다. 내가 갖지 못한 것이나 과거에 대한 미련 때문에 미래로 가는 것을 망설일 때 이 카드가 나옵니다. 또는 최선을 다하지 못한 것에 대한 후회와 아쉬움이 있을 때도 이 카드가 등장합니다. 하나의 단점이 나머지 장점을 해칠 때도 이 카드가 나옵니다. 예를 들면 이사 가려는 집이 다 마음에 드는데 근처의 큰 공사로 인한 소음으로 계약이 망설여질 때 7번 칼 카드가 나올 수 있습니다.

실전 상담에서의 7번 칼 카드

1. 타로 상담 시 가장 많이 나오는 감정이 미련인데요. 7번 칼 카드는 미련이라는 감정을 대표하는 카드입니다. 이별한 전 애인이 내담자를 생각하는 현재 마음을 물었을 때 7번 칼 카드가 나왔다면 아직 미련이 있는 것이지요. 직장이나 직업 주제에서도 기존에 하던 일에 대한 미련이 남아 있을 때 7번 칼 카드가 나옵니다. 특히 메이저 2번 THE HIGH PRIESTESS(고위 여사제) 카드와 같이 나온다면 강한 미련이 있다고 해석됩니다.

2. 직장 상사가 부하 직원을 평가할 때 98%는 마음에 들지만 2%가 부족할 때도 7번 칼 카드가 나옵니다. 이런 경우 98%의 장점보다 2%의 단점이 더 크게 보이는 경우가 많습니다. 약간의 부족함이 전체를 좌지우지할 때 7번 칼 카드가 나옵니다.

SWORDS VIII
(8번 칼)

+‹‹ ○ ✸ ○ ››+

❖ **키워드**
#정체기 #막막함 #방향성 잃음 #두려움 #생각이 많음

　8번 칼 카드를 보면 여자가 눈과 팔이 묶인 상태로 서 있습니다. 그런데 자세히 보면 발은 움직일 수 있고, 칼이 여자를 완전히 둘러싼 것도 아닙니다. 성에서 나온 군인이 여자를 지키고 있는 것도 아닙니다. 8번 칼 카드는 생각이 많아져서 스스로 움직이지 못하는 상태를 가리킵니다. 내가 나를 묶고 있는 상황이라서 막막하고 답답합니다. 눈을 가린 천을 풀기 두려워서 정체기가 길어질 수도 있습니다. 하지만 막상 눈을 뜨면 생각보다 두렵거나 걱정스러운 상황이 아니었음을 알게 됩니다.

실전 상담에서의 8번 칼 카드

1. 8번 칼 카드가 나오면 직장 생활을 하는 사람의 경우 현재 직장이 나쁘지 않지만 장기적인 관점에서 앞으로의 비전이나 자아실현 여부에 의문이 생긴 상황이 많았습니다. 이런 경우에 스스로 답을 찾아내기는 어렵고 선배나 멘토와의 상담을 통해 해답을 찾을 수 있습니다.

2. 8번 칼 카드가 나오면 내담자는 질문을 명확하게 정리하지 못하는 경우가 많았습니다. 1가지의 뚜렷한 고민이나 문제가 있는 것이 아니기 때문인데요. 이런 경우에 가장 가까이 있는 고민부터 타로카드로 뽑아보면서 하나씩 실마리를 풀어가는 것이 좋습니다.

SWORDS IX
(9번 칼)

❖ 키워드

#근심 #스트레스 #우울증 #공황장애 #연구 #공부

9번 칼 카드를 보면 남자가 두 손으로 머리를 감싸고 있습니다. 남자는 머리가 아픈 것 같기도 하고 심각한 고민이 있는 듯도 합니다. 남자의 뒤를 보면 9개의 칼이 걸려 있습니다. 칼은 생각과 예민함을 상징하고, 숫자 9는 마이너카드에서 두 번째로 높은 숫자입니다. 9번 칼 카드가 나오면 알 수 없는 두려움과 걱정에 괴로워하고 있거나 우울증, 공황장애 등을 겪을 수도 있습니다. 육체적인 고통보다는 정신적인 피로나 고통으로 힘들 때 9번 칼 카드가 나옵니다. 하지만 뒤에 걸린 칼들은 걸려만 있을 뿐 남자를 찌르지는 않습니다. 즉, 생각보다 나쁜 상황은 아닐 때가 많습니다.

실전 상담에서의 9번 칼 카드

1. 칼 카드에서 스스로 눈을 가린 카드는 총 3장입니다. 2번 칼, 8번 칼, 9번 칼 카드가 그것들입니다. 실전 상담을 하다 보면 이 3장의 카드가 동시에 나올 때가 많습니다. 스스로 눈을 가렸다는 것은 걱정과 두려움 때문에 객관적으로 보지 못함을 의미합니다. 특히 9번 칼 카드는 실제 존재하는 문제보다 더 과하게 걱정하는 경우에 많이 나옵니다. 이럴 때 타로카드를 통해 객관적으로 문제를 보게 되면 생각이 정리되고 마음이 편안해집니다.

2. 9번 칼 카드는 일명 '머리 싸매는 카드'라고 부릅니다. 이 카드는 집중해서 한 분야에 깊게 파고드는 에너지를 가졌습니다. 그래서 9번 칼 카드는 공부, 연구, 글쓰기 등 깊게 생각하고 사유해야 할 때 나오면 긍정적입니다. 특히 9번 칼 카드와 메이저 9번 THE HERMIT(은둔자) 카드가 동시에 나오면 깊게 공부하고 사유하는 중이라고 볼 수 있습니다.

SWORDS X

(10번 칼)★

+‹‹○ ☀ ○›+

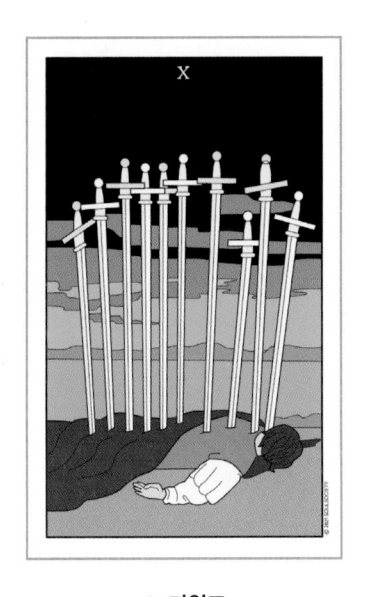

❖ 키워드
#이별 #끝 #아픔 #상처 #이동수 #새로운 시작

　10번 칼 카드를 보면 쓰러진 남자의 등에 칼이 10개가 꽂혀 있습니다. 남자는 죽은 것 같고 다시 살려내기는 힘들 것 같습니다. 열 개의 칼끝에 찔린 모습이 너무 아프고 처절해 보입니다. 이 카드는 이별, 퇴사, 폐업 등 끝나는 순간을 의미하는데, 그 순간의 두려움과 아쉬움이 크게 느껴지는 카드입니다. 메이저 13번 DEATH(죽음) 카드와 비슷한 에너지를 가진 카드입니다. 다만, 메이저 13번 DEATH(죽음) 카드가 뜻하는 고통보다 그 강도가 훨씬 더 생생할 때 10번 칼 카드가 나옵니다. 10번 칼 카드가 나왔다면 큰 변화를 겪었고 그 과정에서 정신적으로 매우 힘들었을 가능성이 높습니다. 하지만 뒤편을 보면 태양이 떠오르는 중입니다. 즉, 부정적인 상황은 끝이 나고 새로운 흐름이 다가옴을 의미합니다.

실전 상담에서의 10번 칼 카드

1. 10번 칼 카드는 내담자가 이별, 퇴사, 폐업 등 끝내는 결정을 하려고 하는 상황에서 많이 나옵니다. 이런 경우 쉽사리 끝을 내는 결단과 실행을 하지 못합니다. 당장 겪게 될 심적 고통, 허망함, 그리움 때문입니다. 메이저 13번 DEATH(죽음) 카드가 예측한 변화는 보통 내담자의 선택이 아닌 운명의 흐름에서 겪게 되는 사건으로 시간이 지나서야 큰 변화를 깨닫게 됩니다. 그러나 10번 칼 카드가 예측한 변화는 내담자의 결단과 실행으로 사건이 일어나고 실행 직후 바로 변화를 체감하게 됩니다.

2. 10번 칼 카드가 반드시 부정적인 상황의 카드인 것은 아닙니다. 오랫동안 정리하고 끝내려고 했던 일이 마무리될 때 이 카드가 나오기도 합니다. 예를 들면 소송이 끝나는 경우, 오랫동안 안 팔리던 부동산이 정리되는 경우, 악연이 끝나는 경우 등입니다.

PAGE of SWORDS
(소년의 칼)

+‹‹○ ✳ ○›› +

PAGE of SWORDS

❖ **키워드**
#가벼움 #경쾌함 #재치 #시작 단계 #경솔함 #예민함 #구설수

소년의 칼 카드는 바람이 시작되는 에너지를 가진 카드로 가볍고 경쾌하지만 불안정한 카드입니다. 소년의 칼 카드 성향의 사람이라면 재치나 임기응변은 좋지만 깊이가 부족하고 끈기가 없습니다. 소년은 시작의 단계를, 칼은 생각을 의미하기 때문에 여러 가지 생각이나 아이디어가 많을 때 소년의 칼 카드가 나오기도 합니다.

소년의 칼 카드가 나온 사람이나 상황이라면 생각이 많아서 예민하기도 하고 쉽게 흔들리기 때문에 신뢰하기는 어렵습니다. 칼은 말을 상징하기도 하는데 말이 계속 생긴다는 의미로 해석하면 말실수나 구설수에 휘말릴 수 있음에 주의해야 합니다. 가볍게 시작하는 관계나 일에서 나오면 좋지만 장기적인 일에서 나오면 불안한 카드입니다.

실전 상담에서의 소년의 칼 카드

1. 소년의 칼 카드는 기본적으로 가벼운 상태를 의미합니다. 직장 관련 주제에서 소년의 칼 카드가 나왔다면 직장에 취업한 지 얼마 안 되었거나 임시직, 계약직처럼 직장 내 위치가 불안정할 수 있습니다. 인간관계 또는 연애 궁합운 주제에서도 비슷한 맥락으로 해석이 가능합니다. 알고 지낸 지 얼마 안 되었거나 서로에 대해 알아가야 할 부분이 아직 많이 있을 때도 이 카드가 나옵니다. 부담이 없고 앞으로 기대가 되는 부분이 있다는 점에서는 긍정적입니다.

2. 소년의 칼 카드가 금전운 주제에서 나오면 금전의 출처가 다양하거나 변화가 있는 편이라고 볼 수 있습니다. 예를 들면 소년의 칼 카드가 나온 사업이라면 판매 품목이 다양하거나 유행에 따라서 계속 변화할 가능성이 있습니다. 직업운에서 이 카드가 나왔다면 프리랜서 강사처럼 일이 있을 때마다 움직이는 유형인 경우가 많았습니다.

KNIGHT of SWORDS
(기사의 칼)

KNIGHT of SWORDS

❖ **키워드**
#속도 #빠른 진행 #불안정 #공격적 #상처를 줌 #무모함 #끈기 부족

기사의 칼 카드에서 기사는 칼을 들고 전속력으로 질주합니다. 4장의 기사 카드 가운데 가장 속도감이 빠른 카드로 일이 빠르게 진행될 수 있으나 안정감이 부족할 수 있습니다. 칼을 들고 달린다는 것은 공격적인 성향으로 상대방에게 말로 상처를 줄 수 있음을 의미합니다. 또한 경솔하고 무모하며 금방 지칠 수도 있습니다. 기사의 칼 카드 성향을 가진 사람은 단기적이고 속도가 중요한 일에는 에너지가 맞지만, 장기적이거나 꼼꼼해야 하는 일과는 맞지 않습니다.

실전 상담에서의 기사의 칼 카드

1. 금전운 상담에서 기사의 칼 카드가 나오면 돈의 흐름이 굉장히 빠른 일이었습니다. 예를 들면 유행을 타는 제품을 1~2달 반짝 판매하고 다른 제품으로 넘어가는 식의 사업 패턴입니다. 이런 일은 돈이 왔다 갔다 하는 흐름이 빠르기 때문에 번 돈을 잘 유지하는 데에 특히 신경을 써야 합니다.

2. 기사의 칼 카드는 빠른 흐름 때문에 놓치는 것이 있을 때 자주 나옵니다. 특히 계약 관계에서 기사의 칼 카드가 나왔다면 한 번 더 차분히 검토하거나 전문가에게 검토를 의뢰하는 것이 좋습니다.

QUEEN of SWORDS
(여왕의 칼)★

+·《《○✳○》》·+

QUEEN of SWORDS

❖ **키워드**
#이별 #상처 #선택 #결단 #정리 #냉정함

여왕의 칼 카드는 여왕이 칼을 들고 단호하고 차가운 표정을 짓고 있습니다. 왕이었던 남편의 자리를 대신해서 지키고 있는 여왕입니다. 여왕의 칼 카드는 큰 상처가 있거나 아픈 결단을 내려야 함을 암시합니다. 감정보다는 냉정한 판단이 필요한 순간으로 인간관계, 직장, 사업을 정리해야 할 때 이 카드가 등장합니다. 과거의 상처가 트라우마처럼 남아 있을 때 나오기도 합니다.

실전 상담에서의 여왕의 칼 카드

1. 여왕의 칼 카드는 이별, 퇴사, 매도 등 정리의 결단을 할 때 자주 나옵니다. 미련이 있지만 도저히 유지가 어려워서 냉정하게 정리하는 상황입니다. 예를 들면 연애 궁합운에서 여왕의 칼 카드가 나오면 애인의 큰 실수나 개선되지 않는 치명적 단점 때문에 사랑하지만 이별을 선택하는 경우가 있었습니다. 그래서 재회의 질문에서 상대방의 마음으로 여왕의 칼 카드가 나왔다면 재회의 가능성이 낮다고 볼 수 있습니다.

2. 실전 상담에서 여왕의 칼 카드와 같이 자주 등장하는 카드는 3번 칼 카드(심장에 칼이 꽂힌 카드)입니다. 이런 경우 정말 믿었던 사람이나 상황에 배신을 당하는 처지를 예상해볼 수 있습니다. 또한 현재 심적으로 매우 힘들고 지친 상태입니다.

KING of SWORDS
(왕의 칼)

KING of SWORDS

❖ 키워드

#냉철함 #논리적 #엄격함 #전문성 #공과 사 구분 #전문가 도움

왕의 칼 카드는 가장 높은 수준의 칼의 에너지를 갖고 있는 카드
입니다. 칼의 에너지는 논리, 분석, 냉정함, 전문성, 언변 등입니다.
왕의 칼 카드가 나온 상황이라면 원칙과 표준에 부합하면 깔끔하게
일처리가 되지만, 어긋나는 부분이 있다면 적당히 넘어가기 어렵습
니다. 공과 사가 분명하고 냉철한 카드로 가슴보다는 이성적 판단

이 필요할 때 나오기도 합니다. 자기 분야에서 전문성을 갖추고 있거나 전문가의 도움을 받아야 할 때도 이 카드가 나옵니다.

실전 상담에서의 왕의 칼 카드

1. 일, 사업과 같은 상담에서 왕의 칼 카드가 나오면 전문 지식, 기술, 특허를 통해 일하는 경우가 많았습니다. 예를 들면 의사, 변호사, 변리사 같은 직업이지요. 왕의 칼 카드가 나오는 직업은 언변이 뛰어나고 외모도 깔끔한 경우가 많아서 아나운서, 승무원처럼 사람들 앞에 나서는 일을 하는 경우도 있었습니다.

2. 왕의 칼 카드가 연인 관계에서 나온다면 어색하다고 느낄 수 있는데요. 실전 상담에서는 오히려 관계를 더 진전시키기 위해 현실적인 것들을 고려할 때 왕의 칼 카드가 나왔습니다. 예를 들면 결혼 준비를 위해 경제적인 상황, 신혼집 등을 알아볼 때 왕의 칼 카드가 나오기도 했습니다.

WANDS(나무)
- 열정을 본다

나무 카드들은 불의 에너지를 담고 있습니다. 불은 열정, 체력, 실행, 적극성, 개척에 대한 이야기를 들려줍니다. 불은 활활 타오르면서 주위를 밝고 따뜻하게 만들어줍니다. 불의 에너지가 강력해지면 로켓과 같은 추진력이 생기기도 합니다. 하지만 불은 순간적인 에너지는 강하지만 지속성은 떨어집니다.

나무(불)는 우리가 해야 하는 일에 대한 이야기를 해줍니다. 컵(물)이 마음을 움직이는 것, 칼(바람)이 머리로 생각하는 것을 상징한다면 나무(불)는 실행하는 것을 의미합니다. 나무(불)의 실행을 통해 우리는 금동전(흙)이라는 결실을 획득할 수 있습니다. 나무 카드들의 의미를 1장씩 배우면서 알게 되겠지만 숫자가 올라갈수록 일이 많아짐을 뜻하기 때문에 카드 속 등장인물이 점차 지쳐가는 모습을 볼 수 있습니다. 나무 카드가 말하는 고통은 육체 피로입니다.

불의 성향을 상징하는 나무 카드는 우리가 어떻게 하면 효율적으로 일하고, 체력 관리를 잘할 수 있는지 다시 한번 생각하게 합니다. 그럼 나무 카드들의 이야기를 1장씩 들어보겠습니다.

ACE of WANDS

II

III

IV

V

VI

VII

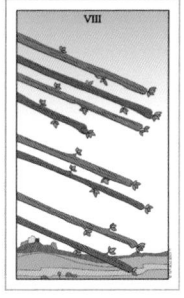
VIII

IX

X

PAGE of WANDS

KNIGHT of WANDS

QUEEN of WANDS

KING of WANDS

ACE of WANDS
(에이스 나무)

+·《《○ ✳ ○》》·+

ACE of WANDS

❖ 키워드
#새로운 시작 #쟁취 #열정 #자신감 #진취적 #자기 주도

에이스 나무 카드를 보면 하늘에서 나온 손이 큰 나무 막대기를 움켜잡고 있습니다. 손으로 움켜잡는 동작은 적극성을, 큰 나무 막대기는 큰일을 의미합니다. 에이스는 시작을 상징하므로 에이스 나무 카드는 제대로 된 일 또는 가슴 뛰는 사랑이 시작될 것임을 암시합니다. 보통 에이스 나무 카드가 나오면 구체적인 일이나 대상에 대한 열정이 샘솟는 상태입니다.

실전 상담에서의 에이스 나무 카드

1. 어떤 상담 주제이든 에이스 나무 카드가 나오면 반가운 경우가 많았습니다. 금전운 상담에서 에이스 나무 카드가 나오면 내담자는 꼭 하고 싶었던 일을 찾았거나 시작한 상태라고 볼 수 있습니다. 연애운 상담에서는 내가 원하던 사랑을 시작하려고 할 때 에이스 나무 카드가 나옵니다.

2. 에이스 동전 카드와 에이스 나무 카드가 동시에 나오면 하늘에서 들어온 기회를 시기적절하게 움켜잡는다고 볼 수 있습니다. 에이스 동전, 기사의 동전, 기사의 컵처럼 기회가 주어지는 카드와 에이스 나무 카드가 함께 나오면 가까운 미래에 기회를 잡는 경우가 많았습니다.

WANDS II
(2번 나무)★

❖ **키워드**
#계획 #승진 #발전 #경계 #미련 #이동수 #해외

    2번 나무 카드는 알렉산더대왕이 페르시아 정복을 마친 후 지구본을 들고 앞으로 정복할 곳을 바라보는 모습을 표현한 카드입니다. 이 카드는 지금까지 해온 일 또는 맺어온 인간관계가 한 단계 더 발전하는 시점에 나옵니다. 그러나 남자의 뒤편에 선 나무 기둥은 과거에 대한 미련을 의미할 때도 있어서 나아가는 것을 주저하게 만듭니다. 2개의 나무가 있는 것은 2개의 선택지를 놓고 고민한다고 해석될 때도 있습니다. 멀리 바다를 바라보는 시선은 이동수, 해외를 의미하기도 합니다. 2번 나무 카드는 의미하는 바가 많은 카드로 주변 카드들과의 조합을 통해 어떤 의미로 이 카드가 나왔는지를 다시 한번 생각해볼 필요가 있습니다.

실전 상담에서의 2번 나무 카드

1. 2번 나무 카드가 상징하는 여러 키워드 가운데 실전에서 가장 많이 적용되는 키워드는 미련입니다. 과거의 익숙함 때문에 앞으로 나아가는 것을 망설일 때 2번 나무 카드가 자주 나옵니다. 예를 들면 경력이 쌓여서 다니던 회사에서 독립할 때가 되었는데 안정적인 월급 때문에 독립을 주저할 때 2번 나무 카드가 나옵니다. 연애운 상담에서는 과거의 연인을 향한 미련 때문에 새로운 사람을 만나지 못할 때도 이 카드가 나옵니다. 2번 나무 카드가 나올 때는 새로운 도전을 하는 것이 현명한 선택일 때가 많았습니다.

2. 2번 나무 카드가 금전운 상담에서 나오면 기존에 해왔던 것을 이어가는 흐름일 때가 많았습니다. 예를 들면 의류 회사를 다니던 사람이 이직을 한다면 다른 의류 회사에 좋은 조건으로 가는 식입니다. 그동안의 경력이나 경험을 살려서 확장하는 흐름이지요. 국내에서 판매하던 제품을 해외에서 판매하려고 할 때도 2번 나무 카드가 나올 수 있습니다.

WANDS III
(3번 나무)

+·((○※○))·+

❖ 키워드
#동경 #새로운 계획 #그리움 #미련 #업그레이드 #이동수 #해외

    3번 나무의 남자는 자신이 멀리 바라보고 있는 섬에서 태어났습니다. 어린 시절 지금 발 딛고 있는 섬으로 오게 됐고 나름의 성공을 거두었습니다. 지금은 떠나온 고향을 그리워하며 동경합니다. 3번 나무 카드는 하고 싶은 것이 있으나 지금까지 해놓은 것이나 과거에 대한 미련 때문에 선뜻 도전하지 못할 때 나오는 카드입니다. 익숙함과 안정감을 뒤로하고 떠나는 것이 쉽지 않지만 장기적으로 볼 때는 원하는 일에 도전하는 것이 맞습니다. 바다를 보고 있는 것은 이동수와 해외를 의미할 때도 있습니다.

실전 상담에서의 3번 나무 카드

1. 3번 나무 카드는 실전 상담에서 2번 나무 카드와 같이 잘 나옵니다. 이런 경우 이동 시기가 왔음을 강하게 암시합니다. 3번 나무 카드와 2번 나무 카드의 공통된 키워드는 미련이기 때문에 이동 시점이 뒤로 밀리기도 합니다. 연애 궁합운에서는 현재 상대를 만나는 중이라면 결혼처럼 진전된 관계로 가는 과정이라고 볼 수 있습니다. 이별한 관계라면 그리워하고 있는 상황이라고 볼 수 있지요. 3번 나무 카드와 2번 나무 카드는 둘 다 바라보고 있을 뿐 움직임이 없기 때문에 가까운 시일 내에 진전이나 변화가 없고 천천히 일이 진행될 수도 있습니다.

2. 3번 나무 카드를 보면 3그루의 나무가 있습니다. 이것이 숫자 3을 상징하는 다른 카드들과 함께 나오면 제3의 존재나 선택이 있음을 암시합니다. 숫자 3을 상징하는 카드들은 예를 들면 3번 동전 카드, 3번 컵 카드, 메이저 16번 THE TOWER(타워) 카드(2명의 사람과 번개) 등입니다. 연애 궁합운에서 이들 카드가 함께 나오면 다른 이성이나 부모의 개입처럼 제3자가 있을 수 있습니다. A와 B 중 어떤 것이 더 좋을지 물었을 경우 위의 조합으로 카드들이 나온다면 지금은 알지 못하는 C라는 선택지가 존재할 수도 있습니다.

WANDS Ⅳ
(4번 나무)

+·《《○ ✳ ○》》·+

❖ 키워드
#안정 #결혼 #취업 #창업 #가족

4번 나무 카드를 보면 튼튼한 성 앞에서 연인으로 보이는 남녀가 꽃을 들고 축하를 받고 있습니다. 연인의 앞에 놓인 4개의 기둥 위에는 축복의 화환이 걸려 있지요. 4번 나무 카드는 보통 긍정적인 흐름으로 갈 때 나오는 카드로 결혼, 취업, 창업 등을 의미합니다. 불안정한 상황에서 안정적인 상황으로 갈 때도 이 카드가 나옵니다.

실전 상담에서의 4번 나무 카드

1. 4번 나무 카드는 안정의 에너지를 갖고 있습니다. 실전 상담에서 나올 때 계약직이었다면 정규직으로 전환되고, 연인이었다면 부부가 되는 흐름입니다. 가게를 운영하는 사람이 4번 나무 카드가 나왔다면 매출이 안정되고 단골이 생기기도 합니다.

2. 4번 나무 카드가 부정의 의미로 해석될 때는 내담자가 현재의 상태에서 벗어나고 싶을 때입니다. 예를 들면 헤어지고 싶은 사람이 있는데 이 카드가 나오면 이별이 쉽지 않습니다. 퇴사하고 싶을 때도 4번 나무 카드가 나온다면 계속 다니게 됩니다.

WANDS V
(5번 나무)

+‧((○ ✳ ○))‧+

❖ 키워드
#정신없음 #바쁨 #비효율적 #피로함 #정리 필요 #선택과 집중

5번 나무 카드를 보면 5명의 남자가 나무를 들고 다투고 있습니다. 편이 나눠진 것도 없이 티격태격 중입니다. 내담자가 일이 없어서 고민이었다면 작은 일들이지만 일이 생기기 시작합니다. 하지만이 카드가 나오는 경우 중요하지 않은 작은 일들이나 관계에 얽혀서 에너지를 낭비하고 있는 경우가 더 많았습니다. 비효율적이거나 소모전을 벌이는 상황으로 정리가 필요하고 분명한 경계선이 필요합니다.

실전 상담에서의 5번 나무 카드

1. 5번 나무 카드가 나올 때는 여러 가지 일들이 벌려져 있지만 눈에 띄는 하나의 성과는 없는 경우가 많았습니다. 내담자가 하지 않아도 되는 것까지 관여 중일 때도 있습니다. 인간관계에서도 5번 나무 카드가 나온다면 불필요한 관계 때문에 소모되고 있다고 볼 수 있습니다.

2. 5번 나무 카드가 나오면 작은 수익이나 즐거움은 포기해야 합니다. 선택과 집중이 필요한 상황으로 어떤 것에 집중해야 하는지 타로카드를 통해서 알아낼 수 있습니다. 그리고 나머지 것들은 정리하는 단계를 밟으면 5번 나무에서 에이스 나무의 흐름으로 갈 수 있습니다.

WANDS VI
(6번 나무)

+‹‹○ ✸ ○›+

❖ 키워드
#승리 #축하 #합격 #결혼 #승진 #승소 #사람이 많음 #도움의 손길

6번 나무 카드를 보면 한 남자가 승리의 상징인 월계수 화관으로 장식된 나무 막대를 들고 개선 행진 중입니다. 주변 사람들은 그를 축하해주고 있습니다. 6번 나무 카드는 합격, 결혼, 승진, 승소 등 축하받을 일이 일어날 것임을 암시합니다. 주변에 사람도 많고, 도움의 손길이 많을 것으로 보입니다.

실전 상담에서의 6번 나무 카드

1. 6번 나무 카드는 회사, 기관, 타인으로부터 인정을 받거나 인기를 얻을 때 나오는 카드입니다. 시험, 자격증, 취업 질문에서 6번 나무 카드가 나오면 긍정적입니다. 사람들이 많이 방문해야 되는 사업이나 장사에서도 6번 나무 카드가 나오면 잘되는 경우가 많았습니다.

2. 6번 나무 카드는 대부분 긍정적으로 해석되지만 부정적으로 해석될 때도 간혹 있습니다. 바로 주변에 있는 사람들이 도움보다는 부담이 되는 경우입니다. 사공이 많으면 배가 산으로 간다는 속담과 비슷한 상황입니다. 참견하거나 잔소리하는 사람이 많을 때 이 카드가 나옵니다. 또는 가져갈 수 있는 몫은 한정적인데 이해관계자는 많을 때도 6번 나무 카드가 나오기도 합니다. 6번 나무가 부정적인 경우에는 주변 카드로 분산된 에너지를 갖고 있는 카드(예: 5번 나무, 여왕의 나무)들이 많이 나옵니다.

WANDS VII
(7번 나무)

+·《《○ ✳ ○》》·+

❖ 키워드
#바쁨 #지침 #방어적 #중요치 않은 일들이 많음

7번 나무 카드를 보면 한 남자가 자신의 영역을 지키기 위해 방어 중입니다. 발밑에서는 여러 개의 나무 막대들이 치고 올라오며 위협을 하고 있습니다. 7번 나무 카드는 내 할 일도 많은데 여기저기에서 예상치 못한 일이 생겨서 정신이 없을 때 나오는 카드입니다. 예상치 못한 일들을 계속 처리하다 보면 현상을 유지하기에도 벅찰 때가 많습니다. 과연 모든 일들을 내가 다 할 필요가 있는지를 생각해보거나 지금 지키고 있는 것을 꼭 지켜야 하는지 생각해볼 필요가 있습니다. 인간관계에서는 상대가 방어적일 때도 7번 나무 카드가 나오기도 합니다.

실전 상담에서의 7번 나무 카드

1. 직장운 상담에서 7번 나무 카드가 나오면 체계가 잡히지 않은 직장을 다니는 중일 수 있습니다. 또는 직장 상사가 체계 없이 일하는 사람인 경우이기도 합니다. 즉, 업무 방식이 주먹구구인 조직과 상사 밑에서 일하느라 일 잘하는 사람이 많은 일을 떠맡는 경우가 많았습니다.

2. 연애 궁합운에서 7번 나무 카드가 나오면 만남을 이어가는 것이 여러 가지 문제들 때문에 힘겨운 상황입니다. 하지만 헤어질 만큼의 큰 어려움이나 명분은 없어서 만남을 이어가는 경우가 많았습니다.

WANDS Ⅷ
(8번 나무)

·⟨⟨○ ✦ ○⟩⟩·

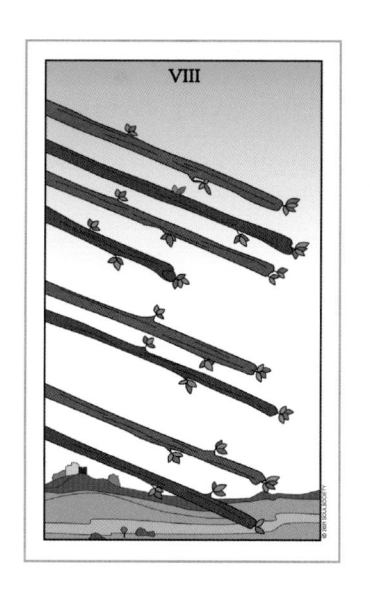

❖ 키워드
#많은 일 #중요성 떨어짐 #선택 필요 #변화 #이동수

8번 나무 카드를 보면 8개의 나무 막대가 하늘에서 날아오고 있습니다. 나무는 일을 뜻합니다. 즉, 여러 가지 일들이 나에게 쏟아지고 있음을 의미합니다. 일이 쏟아진다는 것은 기회가 많다는 것으로도 해석이 가능합니다. 하지만 '수가 많음'은 눈에 띄는 하나가 없다는 의미이기도 합니다. 일이 많이 들어오지만 번거로운 일들이 많이 생길 수도 있고, 기회처럼 보이지만 얻는 것에 비해 힘이 많이 들 수도 있습니다. 중요한 것 하나를 선택해 집중하는 지혜가 필요합니다. 날아오는 속도감은 변화나 이동을 나타내기도 합니다.

실전 상담에서의 8번 나무 카드

1. 8번 나무 카드는 여러 잡다한 일들이 동시에 생길 때 자주 나왔습니다. 예를 들면 자동차 고장, 가게 누수, 새로운 작은 계약 성공, 못 받았던 돈 회수 등 작은 좋은 일과 번거로운 일이 동시에 생기는 상황이지요. 그래서 내담자는 이유 없이 바쁜 날을 보내고 있다고 생각합니다.

2. 직장인에게 8번 나무 카드가 나오면 갑자기 할 일들이 쏟아지듯이 많아졌습니다. 예상치 못했던 일들이 사방팔방에서 들어온다고 느낄 정도로 정신이 없는 상황이었지요.

WANDS IX
(9번 나무)

❖ 키워드
#투쟁 #굳은 의지 #고집 #집착 #지침 #무의미함 #휴식 필요

9번 나무 카드를 보면 남자가 머리에 붕대를 감고 있습니다. 이는 많이 지쳤음을 의미합니다. 하지만 눈빛을 자세히 보면 끝까지 싸우겠다는 굳은 의지가 보입니다. 체력적으로는 매우 지쳤지만, 정신력으로 버티는 상태를 의미합니다. 남자는 자신의 영역을 지키기 위해 투쟁 중입니다. 그 영역이 과연 이렇게까지 해서 지켜야 하는 것인지를 생각해봐야 합니다. 그래서 9번 나무 카드는 고집을 부리거나 무언가에 집착할 때 종종 나오기도 합니다.

실전 상담에서의 9번 나무 카드

1. 9번 나무 카드가 나오면 실제로 체력적으로 지쳐 있는 경우가 많았습니다. 또는 이전부터 그만두고 싶었지만 어쩔 수 없이 직장이나 사업장을 유지 중일 때도 자주 나왔습니다.

2. 연애 궁합운 상담에서 9번 나무 카드가 나오면 곧 헤어질 것처럼 말하지만 오래가는 경우가 많았습니다. 만일 이별한 상태에서 상대방이 현재 나를 생각하는 마음을 물었을 때 9번 나무 카드가 나오면 아직 나를 못 잊고 있다고 볼 수 있습니다.

WANDS X
(10번 나무)★

❖ **키워드**
#압박감 #부담감 #스트레스 #집착 #미련 #불필요한 일 #힘겨움

    10번 나무 카드를 보면 남자가 10개의 나무 막대를 끌어안고 힘겹게 한 발자국씩 걸어가고 있습니다. 남자는 힘겨워 보이지만 팔과 어깨의 모양을 볼 때 절대 놓치지 않으려는 의지가 엿보입니다. 10번 나무 카드는 모든 일과 책임을 떠안으려고 할 때 자주 나오는 카드입니다. 매우 지쳤지만 익숙함과 집착 때문에 힘든 상황을 계속 끌고 갑니다. 이런 경우 10개의 나무 막대를 모두 짊어지고 가는 것이 어떤 의미와 보상이 있는지 생각해봐야 합니다.

실전 상담에서의 10번 나무 카드

1. 10번 나무 카드는 내담자가 본인만 희생해서 다른 사람들이 행복할 수 있다면 기꺼이 희생하겠다는 마음을 가졌을 때 나왔습니다. 하지만 결과적으로 내가 희생한 것에 대한 감사함을 상대방이 못 느끼고 있는 경우가 많았습니다.

2. 이별 후 재회를 원하는 상황에서 상대방이 나를 생각하는 마음을 물었을 때 10번 나무 카드가 나오면 시간이 걸리겠으나 상대가 나에게 연락해올 가능성이 높습니다. 연애뿐만 아니라 인간관계, 비즈니스 관계에서도 같은 맥락입니다. 당장은 여유가 없어서 먼저 연락한다거나 적극성을 띠지 못하지만 상대측은 강한 미련이 있습니다.

PAGE of WANDS
(소년의 나무)

PAGE of WANDS

❖ 키워드
#호기심 #새로운 시작 #설렘 #불안함 #해외 #이동수

　　소년의 나무 카드에서 소년은 나무에 싹이 자라는 것을 호기심 어린 눈으로 바라보고 있습니다. 소년의 나무 카드는 호기심과 새로운 시작의 에너지를 가졌습니다. 무엇이든 새로운 시작을 할 때는 걱정과 설렘이 공존하는데 소년의 나무 카드가 나왔다면 설렘이 한층 더 클 것입니다. 마음은 설레고 기대감도 있지만 소년의 단계이기 때문에 실제적으로는 불안한 면도 있습니다. 소년의 나무 카드는 낯설고 새로운 환경이라는 에너지 때문에 '해외', '외국', '이동수'라는 키워드도 가졌습니다.

실전 상담에서의 소년의 나무 카드

1. 연애 궁합운에서 소년의 나무 카드가 나오면 사귄 지 얼마 되지 않았거나 사귀기 직전의 만남 중인 경우가 많았습니다. 이 시기의 연애가 가장 행복한 순간일 수도 있지요. 직장운 상담에서 소년의 나무 카드가 나오면 정규직으로 전환되기 전의 계약직 상태인 경우도 있었습니다. 현재 안정감은 부족하지만 앞으로의 성장이 기대가 되는 상황입니다.

2. 소년의 나무 카드가 실전 상담에서 나오면 이동수가 같이 따라오는 경우가 많았습니다. 새로운 시작을 의미하기 때문입니다. 소년의 나무 카드가 2번 나무 카드 또는 3번 나무 카드와 함께 나오면 '해외' 키워드가 더 강하게 적용되어 멀리 이동하는 경우가 있었습니다.

KNIGHT of WANDS
(기사의 나무)

•‹‹○ ✴ ○››•

KNIGHT of WANDS

❖ 키워드
#열정적 #실행력 #충동적 #직설적 #충돌 #인내 부족

기사의 나무 카드에서는 혈기 왕성한 기사가 나무 막대를 들고 있습니다. 기사는 한창 뜨거울 나이인 청년으로 불의 에너지를 상징합니다. 나무도 불의 에너지를 나타내므로 불에 불이 더해진 격입니다. 메이저 7번 THE CHARIOT(전차) 카드와 비슷한 결의 에너지를 가진 카드입니다. 기사의 나무 카드 성향을 가진 사람은 함께 있으면 활력소가 되지만 충동적인 탓에 충돌이 많이 생기기도 합니다. 단기적인 일에는 열정이 넘치고 실행력이 뛰어나지만 끈기가 부족해서 장기적인 일은 믿고 맡기기 어려운 부분이 있습니다.

실전 상담에서의 기사의 나무 카드

1. 기사의 나무 카드가 나오는 사업이나 일은 바쁠 때는 정신없이 바쁘다가도 한가할 때는 일이 없는 패턴인 경우가 많았습니다. 그래서 집중할 때와 준비할 시기를 타로카드로 볼 필요가 있습니다. 그래서 투자를 할 때도 장기보다는 단기 투자가 좋은 경우가 많았습니다.

2. 기사의 나무 카드는 호전적인 성향이 있습니다. 흔히 말하면 욱하는 성향이지요. 그래서 이 카드가 나오면 예상치 못한 돌발 사건이나 행동이 일어날 수 있음을 주의해야 합니다. 예를 들어 상대방이 해코지를 할지 묻는 질문에 기사의 나무 카드가 나왔다면 상대방이 순간적으로 화가 나서 돌변할 가능성이 있습니다. 이는 치밀하게 준비한 해코지가 아닌 순간적인 분노에 의한 해코지입니다.

QUEEN of WANDS
(여왕의 나무)

⊹⊰《○ ✦ ○》⊱⊹

❖ 키워드
#오지랖 #불필요한 일들 #분주함 #선택과 집중 필요

   여왕의 나무 카드는 직설적으로 표현하면 '오지랖 카드'입니다. 열정과 에너지를 불필요한 일에 분주하게 쓰고 있을 때 자주 등장하는 카드입니다. 저녁에 오늘 하루를 돌아봤을 때 바쁘긴 했는데 무엇을 하느라 바빴는지 잘 모를 경우 여왕의 나무 카드가 나옵니다. 사업에서는 매출은 크지만 순이익이 매출에 비해 작을 때 이 카드가 나옵니다. 따라서 지금 내가 쏟는 에너지가 과연 나에게 얼마만큼의 보상으로 돌아올지 생각해야 합니다. 여왕의 나무 카드가 나왔다면 선택과 집중이 필요합니다.

실전 상담에서의 여왕의 나무 카드

1. 여왕의 나무 카드는 5번 나무 카드와 종종 같이 나옵니다. 일을 벌이기만 하고 마무리는 잘 못할 때 이 조합의 카드가 자주 나옵니다. 직장에서 체계 없이 일하거나 업무의 경계가 모호해서 다양한 일들을 처리하고 있을 때도 여왕의 나무 카드가 나옵니다.

2. 여왕의 나무 카드는 일을 열심히 잘하고 싶은데 방법을 잘 몰라서 지름길로 곧장 가지 못하고 헤매면서 나아가고 있는 상황일 때 많이 나옵니다. 전문가, 경험자의 코칭을 받으면 효과를 볼 수 있지요.

KING of WANDS
(왕의 나무)

•‹‹○ ✳ ○››•

KING of WANDS

❖ 키워드

#열정 #적극적 #능동적 #능숙 #현장형 #멀티태스킹 #다혈질 #충돌

    왕의 나무 카드 속 왕은 열정의 왕이어서 일명 '광개토대왕 카드'라고도 부릅니다. 능력이 뛰어나서 여러 가지 일을 동시에 처리할 수 있고 진취적인 성향을 갖고 있습니다. 전형적인 현장형으로 왕의 나무 정도의 사람이 도움을 주면 일을 진행하는데 일당백 역할을 해줄 수 있습니다. 하지만 다혈질의 성향과 지나친 승부욕이 문제가 되기도 합니다.

실전 상담에서의 왕의 나무 카드

1. 왕의 나무 카드는 최근 각광받는 카드입니다. 직원이 이런 성향이라면 자기 일처럼 열심히 하고 성과도 뛰어납니다. 그러나 왕이기 때문에 결국 자기 사업을 할 사람이라는 것을 염두에 둬야 합니다. 사업운 상담에서 이 카드가 나오면 새로운 비즈니스 영역을 개척하거나 기존에 하던 일이 급성장할 수 있습니다.

2. 연애 궁합운에서 왕의 나무 카드가 나오면 대부분 긍정적입니다. 요즘 사람들은 연애에서 리더십을 갖고 관계를 적극적으로 끌고 가는 일이 드물지요. 그래서 역설적으로 왕의 나무 유형의 애인이나 연애를 원하는데요. 메이저 7번 THE CHARIOT(전차) 카드가 나온 사람은 일방적인 경향이 있는 반면에 왕의 나무 카드가 나온 사람은 상대방과 상황을 모두 고려하면서 관계를 끌고 갑니다.

5장

내 운명은
내가 본다

운을 보는
도구들

78장의 타로카드 각각이 의미하는 바를 이해했다면, 이제는 타로카드로 어떻게 운을 볼 수 있는지 배울 차례입니다. 그전에 우선 운을 보는 도구들을 살펴보고 그중 타로카드는 어떤 유형인지를 알아야 합니다. 우리는 흔히 점을 본다고 하면 타로카드를 비롯해서 사주팔자, 별자리, 손금 등을 떠올립니다. 이들 사이에 어떤 차이가 있는지 알아야 타로카드를 더 유용하게 쓸 수 있습니다. 우리의 운은 지구를 구성하는 3가지 요소인 하늘(天), 땅(地), 사람(人)으로부터 오는 파동 에너지의 합이라고 볼 수 있습니다.

하늘의 영역의 운을 본다는 것은 이 세상에 올 때 부여받은 '명(命)'을 보는 것입니다. 이것을 보기 위해서는 태어난 생년월일시가 필요합니다. 사주팔자, 별자리가 대표적입니다. "제 인생에 결혼운이 있을까요?", "몇 년도쯤 운이 좋아질까요?", "저는 어떤 일을 하는 것이 맞을까요?" 같은 질문에 답하기에 좋습니다. 즉, 인생을 거시적인 관점에서 보기에 적합한 도구이지요.

사람의 영역의 운을 보는 도구는 지금 당장 직면한 일에 대한 질문에 답변하기 적합합니다. 사람의 영역의 운을 보는 것을 '점(占)'이라고 합니다. 점의 한자는 'ㅏ(점 복)' 자와 'ㅁ(입 구)' 자가 합쳐졌습니다. 파자에 따르면 점(占)이란 '운을 바로 입으로 말해준다',

'질문에 바로 답해준다' 정도로 해석할 수 있습니다. 타로카드, 주역, 육효가 점(占)을 치는 대표적인 도구입니다. 여기서는 생년월일시가 필요 없습니다. 대신 구체적인 질문을 던져야 합니다. "그 사람은 나를 어떻게 생각할까요?", "이번 시험에 합격할 수 있을까요?", "지금 직장에서 어떻게 될까요?"처럼 타로카드는 구체적인 질문에 답하기 적합한 운을 보는 도구입니다. 앞으로 여러 차례 강조하겠지만 타로카드를 뽑기 전에 질문을 잘 정돈해야 하는 이유가 바로 여기에 있습니다.

땅의 영역의 운을 본다는 것은 형상을 보고 상태와 에너지를 파악하는 것입니다. 그래서 이 영역의 운을 보는 것을 '상(相)'이라고 합니다. 땅의 형상을 보는 것을 풍수, 얼굴의 형상을 보는 것을 관상, 손금을 보는 것을 수상이라고 하지요. 현재의 상태와 에너지를 보면 과거의 행적을 알 수 있고 미래 예측이 가능합니다. 풍수를 제외하고 관상, 손금은 나를 중심으로 하는 질문에 답하기에 적합합니다. 예를 들면 "제가 건강이 안 좋은 곳이 있을까요?", "제가 앞으로 주의할 것은 무엇이 있을까요?", "저에게 큰 이동이나 변동이 언제쯤 있을까요?" 같은 질문이지요.

물론 사주팔자를 통해서도 지금의 건강 상태를 볼 수 있고, 타로카드를 통해서도 언제쯤 운이 상승세일지 보는 것이 가능합니다. 요리사가 식도로 회를 뜰 수 있고, 회칼로 감자를 깎을 수도 있는 것처럼 말이지요. 하지만 용도에 맞는 도구를 쓰듯 운을 볼 때도 적합한 도구가 있는 것입니다.

명(命)과 상(相)의 영역은 이론과 축적된 데이터를 공부하는 것이 중요합니다. 점(占)은 직관과 계시가 중요합니다. 그러나 명(命), 점(占), 상(相) 모두 이론과 데이터라는 토대가 없이는 제대로 설 수 없으며, 직관과 계시 없이는 그 해석이 일반적인 수준을 넘어설 수 없습니다.

운을 보는 도구를 정리하자면 다음의 표와 같습니다.

	명(命) 하늘의 영역	점(占) 사람의 영역	상(相) 땅의 영역
대표적인 도구	사주팔자, 별자리	타로카드, 주역, 육효	관상, 수상, 풍수
필요한 것	태어난 생년월일시	구체적인 질문	얼굴, 손금 같은 형상
적합한 질문	인생 전반의 거시적인 질문	현재 직면한 질문	나의 상태를 중심으로 하는 질문

타로카드로
운을 보는 순서

+‹《○ ☀ ○》›+

타로카드로 운을 보는 순서는 다음의 6단계 과정을 거칩니다.

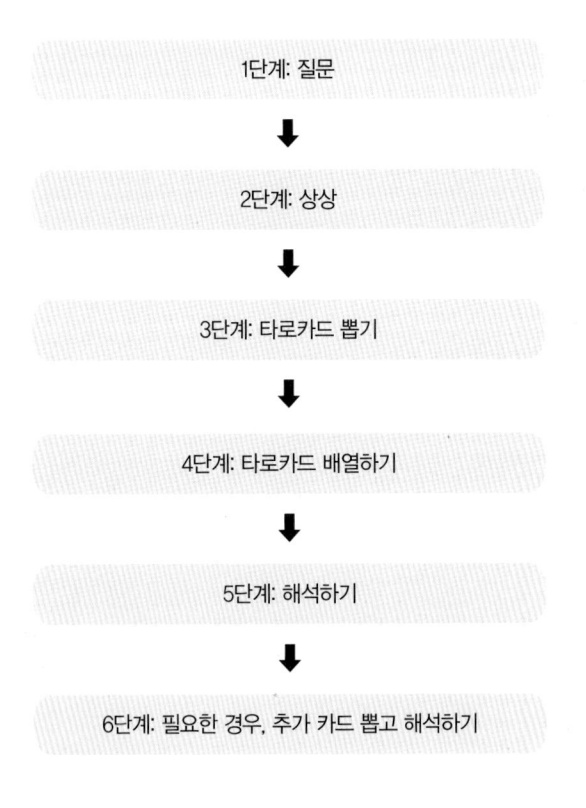

1단계: 질문

↓

2단계: 상상

↓

3단계: 타로카드 뽑기

↓

4단계: 타로카드 배열하기

↓

5단계: 해석하기

↓

6단계: 필요한 경우, 추가 카드 뽑고 해석하기

1단계: 질문

첫 번째 질문 단계에서 잘못된 질문을 받았다면, 그 상담은 잘된 상담이 되기가 어렵습니다. 예를 들어 "우리 가족 모두 하는 일 다 잘되고 건강하겠지요?"라는 질문을 그대로 받아서 타로카드를 뽑는다면 해석도 안 되고 의미 있는 메시지를 들을 수도 없습니다. 앞의 질문은 하나의 질문처럼 보이지만 수십 개의 질문을 동시에 한 것과 같기 때문입니다. 그래서 타로카드로 운을 보기에 적합한 질문으로 정돈하는 과정이 매우 중요합니다.

질문은 크게 금전운과 관계운으로 나뉩니다. 금전운은 금전의 출처를 보면서 흐름을 파악합니다. 금전의 출처로는 직장, 직업, 사업, 투자, 진로, 학업 등을 볼 수 있는데요. 만일 "제가 돈을 좀 벌 수 있을까요?", "금전운이 좋은가요?"라는 질문을 받는다면 지금 어디서 돈을 벌고 있는지 체크해야 합니다. 직장 생활을 하는 분이라면 직장운을 봐야겠지요. 직장 생활을 하면서 투자를 하고 있는 분인데 투자에서의 운이 궁금하다면 투자 부분만 집중적으로 봐야 합니다. 만일 이 둘을 동시에 생각하면서 타로카드를 뽑는다면 카드는 일관성 없이 들쑥날쑥하게 나올 것입니다.

관계운은 다시 인간관계운과 연애운으로 나뉩니다. 관계운은 친구, 상사, 가족 등 사랑하는 사이가 아닌 사람과의 관계운입니다. 연애운은 다시 궁합운과 솔로운으로 나뉩니다. 궁합운은 만나는 사람이 있거나 배우자가 있는 경우 두 사람의 관계를 보는 것이고, 솔로운은 언제 좋은 사람을 만날지 보는 것입니다.

관계운과 금전운 외에 기타운으로는 이동운, 채무 관계운, 양자택일운, 매매운 등이 있습니다. 건강운은 타로카드로 보지 않는 것을 권장합니다. 타로카드에는 심장에 칼이 꽂힌 카드(3번 칼)나 메이저 13번 DEATH(죽음) 카드처럼 보는 순간 섬뜩한 기분이 드는 카드들이 있습니다. 건강이 염려스러운 상태에서 이런 카드를 뽑아서 보게 되면 무의식에 부정적인 영향을 주게 됩니다. 건강운은 전 문가가 있는 병원에서 상담하는 것이 맞다고 생각합니다.

타로카드로 보기에 적합한 질문을 정리하면 다음과 같습니다.

대부분의 질문은 위의 주제 분류 안에 들어갑니다. 위의 그림에 표시된 하위 카테고리까지 질문을 세분화했다면 질문 정돈을 잘했 다고 볼 수 있습니다. 예를 들면 다음과 같습니다.

내담자: 제가 돈이 급한데 횡재수가 있을까요?

상담자: 지금 어떤 일을 하고 계세요?

내담자: 여러 가지 일을 좀 하고 있습니다.

상담자: 그러면 가장 기대하고 있는 일이 있으신가요?

내담자: 지금 투자를 한 회사가 있는데 수익을 기대하고 있어요.

상담자: 네. 그러면 그 회사에 투자한 것이 어떻게 될지 한번 보겠습니다.

이렇게 횡재수가 있을지 묻는 질문에서 금전운의 하위 카테고리인 투자로 질문을 세분화했다면 정돈을 잘 한 것입니다.

2단계: 상상

1단계로 질문을 잘 정돈했다면, 2단계인 상상으로 넘어갑니다. 질문 정돈이 중요했던 이유는 2단계로 넘어가기 위한 필수 과정이기 때문입니다. 타로카드의 원리는 우리 눈에 보이지 않는 파동 에너지를 타로카드에 투영한 후에 그림이라는 매개체로 읽어내는 것입니다. 파동 에너지가 명료하게 발생하지 않은 상태에서 타로카드를 뽑으면 타로카드 역시 명료하지 않습니다. 이렇게 나온 타로카드는 해석하기도 어렵고 의미도 없습니다. 우리가 상상을 구체적이고 생생하게 할 때 파동 에너지도 명료하게 나옵니다. 구체적인 상상이란 구체적인 질문에서부터 시작하지요.

"자, 앞으로 10년 후에 가장 행복한 자신의 모습을 생각해보세요."

"자, 지금 이 직장에서 승진했을 때의 모습을 생각해보세요."

위의 2개의 질문 가운데 어떤 질문일 때 상상이 더 명료하게 될까요? 당연히 후자이겠지요. 먼 미래와 추상적인 상황의 질문에서는 명료한 상상이 어렵습니다.

3단계: 타로카드 뽑기

세 번째 단계는 구체적인 상상을 하면서 타로카드를 뽑는 것입니다. 이때 현 상태를 유지한다는 가정하에 가장 긍정적인 상황을 상상하는 것을 원칙으로 합니다. 시험 합격운을 물어본다면 합격하는 모습을 상상하게 하는 것이지요. 이유는 2가지입니다. 부정적인 상상보다 긍정적인 상상을 할 때 구체적인 모습이 그려집니다. 긍정적인 상황을 상상하는 것만으로도 그 순간에 운을 좋게 만들 수 있습니다.

긍정의 상상을 하면 타로카드도 무조건 긍정적으로 나오지는 않을지 의문을 갖는 분들이 많이 있으실 텐데요. 실제로 상담을 해보면 전혀 그렇지 않음을 알게 되실 것입니다. 나의 긍정의 상상에서 비롯된 파동 에너지가 미래 시점의 파동 에너지와 일치할 때라야 긍정의 타로카드가 나오기 때문입니다. 내담자는 상상의 과정에서 발생되는 본인의 파동 에너지와 유사한 파동 에너지를 갖고 있는 타로카드를 뽑게 됩니다. 상상이 구체적이고 간절할수록 끌어당김이 강해집니다. 이렇게 되면 자석에 금속이 붙듯이 나의 손과 타로카드 사이에 서로 끌어당김이 발생합니다.

타로카드를 배워서 상담한다면 다음의 멘트대로 진행하면 됩니다.

"안녕하세요. 타로마스터 ○○○입니다. 타로카드는 가까운 미래를 예측해보기에 좋은 도구입니다. 향후 1년 정도까지가 적당한 기간이고요. 구체적인 질문일수록 더 정확한 답변을 들으실 수 있습니다. 주제는 크게 금전운, 인간관계운, 연애운으로 나뉘는데요. 어떤 주제가 궁금하실까요?"

위의 멘트 후에 두 번째 단계인 질문 세분화 과정을 거칩니다. 만일 내담자가 지금 만나는 남자 친구와의 앞으로 관계에 대해 질문했다면 다음과 같이 진행합니다.

"자, 그럼 지금부터 남자 친구분을 생각하시면 되고요. 생각하시면서 왼손으로 2장의 카드를 뽑아주세요."

상담자(타로마스터)가 내담자가 뽑은 타로카드를 받을 때는 나중에 받은 카드를 아래로 넣으면서 받습니다. 맨 위의 카드가 맨 처음 뽑은 카드, 그 밑의 카드가 두 번째로 뽑은 카드가 되는 흐름이지요. 처음부터 이런 순서로 카드를 받는 것이 습관이 되어야 나중에 헷갈리지 않습니다. 앞으로 배우면서 알게 되겠지만 카드의 뽑은 순서는 매우 중요하기 때문에 헷갈리면 안 됩니다.

4단계: 타로카드 배열하기

네 번째 단계는 뽑은 타로카드를 배열법에 맞게 놓는 단계입니다. 배열법은 질문에 따라 다릅니다. 그래서 질문을 받고 그에 맞는 배열법을 머릿속으로 정한 후에 카드를 뽑아야 합니다. 한번 정해진 배열법은 변동 없이 그대로 진행해야 합니다.

5단계: 해석하기

다섯 번째 단계는 배열된 타로카드들을 보면서 해석을 하는 단계입니다. 이 단계는 카드들의 그림을 보면서 이야기를 풀어낸다고 생각하면 됩니다.

6단계: 필요한 경우, 추가 카드 뽑고 해석하기

여섯 번째 단계는 해석을 하면서 추가적으로 필요한 정보가 있을 때 추가 카드를 뽑고 해석을 첨가하는 단계입니다. 추가 카드는 타로마스터가 모두 뽑습니다. 추가 카드는 시기, 감춰진 사실, 변수 등을 더 자세히 알고자 할 때 뽑습니다.

시계열 배열법
(3장 배열법)

+‹‹○ ✳ ○››+

　시계열 배열법은 가장 기본적인 배열법으로 어떤 주제의 질문이라도 대응이 가능한 배열법입니다. '과거-현재-미래'의 시간의 흐름을 보는 방식으로 각각 1장씩, 총 3장의 카드를 뽑습니다. 첫 번째로 뽑은 카드가 과거(근본), 두 번째가 현재, 세 번째가 미래를 가리키기 때문에 카드를 뽑은 순서가 중요합니다. 첫 번째로 뽑은 카드는 과거의 의미와 근본의 의미, 2가지를 갖고 있습니다. 상담을 해주는 경우, 시계열 배열법을 사용한다면 3장의 카드 모두 손님이 뽑게 하고, 타로마스터는 뽑지 않습니다.

시계열 배열법

1 과거(근본)	2 현재	3 미래

손님 상담인 경우

1, 2, 3번 모두 손님이 뽑습니다.

시계열 배열법 시연 예시

내운내본 Tip

카드를 뽑은 순서대로 배열 자리가 정해지는 방식은 앞으로 배우게 될 모든 배열법에 동일하게 적용되는 방식입니다. 내 운을 보기 위해서 타로카드를 뽑을 때는 모든 카드를 스스로 뽑지만, 타인의 운을 봐줄 때는 타로마스터와 내담자(손님)가 뽑는 카드가 나뉘게 됩니다. 내담자에게는 2~3장의 타로카드를 뽑게 합니다. 1장은 너무 적게 느껴지고, 4장 이상 뽑게 되면 내담자가 피로함을 느끼게 되어 집중력이 흩어집니다. 집중이 잘 안 되는 내담자의 경우, 타로마스터가 타로카드를 모두 뽑는 편이 카드가 명료하게 나올 때도 있습니다.

타로카드를 뽑을 때 타로마스터는 상담에 몰입하는 모습을 내담자에게 먼저 보여줘야 합니다. 인위적으로 연기를 하는 것이 아니라 진심으로 몰입하면 그 기운을 내담자도 느끼게 됩니다. 이때 내담자는 타로마스터의 파장 안에 들어오게 됩니다. 몰입을 하는 가장 쉬운 방법은 타로카드에 마음으로 말을 하는 것입니다. 예를 들면 상담 주제가 연애 솔로운일 경우 타로카드에 '내담자가 앞으로 어떤 연애를 하게 될지 보여줘', '결혼을 하게 될지 보여줘' 등 이렇게 간절하게 부탁하면서 내담자가 타로카드를 뽑는 것을 지켜보거나 타로마스터가 직접 타로카드를 뽑습니다. 간절하고 절박한 마음일 때 우주의 문틈이 잠깐 열리고 그때 비로소 우주의 메시지를 타로카드에 투영할 수 있습니다.

그렇다면 이제부터 시계열 배열법을 적용한 실전 사례를 통해 내 운을 스스로 볼 때 어떻게 활용하면 되는지 배워보도록 하겠습니다.

시계열 배열법 사례 (1)

Q. 지금 다니는 직장에서 향후 어떻게 될까요? (현재 직장 5년 차)

| 1. 과거(근본) | 2. 현재 | 3. 미래 |

해석: 지금 다니는 직장의 근본은 소년의 동전 카드로 안정적으로 월급을 받으면서 다닐 수 있는 직장으로 보입니다. 하지만 소년이기 때문에 큰돈을 벌거나 초고속 승진과는 거리가 있습니다. 현재는 '장인 카드'인 8번 동전 카드가 나온 것으로 볼 때, 성실하게 맡은 바 역할을 잘 해내고 있고 전문가의 길을 걷는 중이신 것 같습니다. 미래로 나온 카드는 10번 운명의 수레바퀴 카드로 현재 다니시는 직장에서 오랫동안 일할 수 있음을 의미하는 카드가 나왔습니다. 갑작스러운 마음의 큰 변화나 결단이 아니라면 지금 예상하시는 대로 직장 생활이 이어질 것 같네요.

시계열 배열법 사례 (2)

Q. 저와 시어머니의 관계는 앞으로 어떻게 될까요?

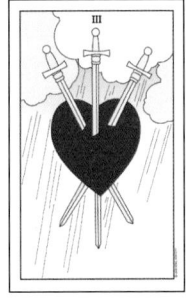  

1. 과거(근본)　　　　2. 현재　　　　3. 미래

　해석: 심장에 칼 꽂힌 그림이 그려진 3번 칼 카드를 보니 시어머니와의 관계에서 과거에 크게 상처받은 일이 있으신 것 같네요. 현재는 8번 인내 카드가 나온 것으로 보아 내색하지 않고 지내려고 노력하시는 관계 같습니다. 미래로 나온 카드는 14번 절제 카드로 적당히 잘 맞추면서 지금보다는 더 편안하게 지내실 것 같네요.

시계열 배열법 사례 (3)

Q. 소송이 어떻게 진행될까요?

1. 과거(근본)　　　　2. 현재　　　　3. 미래

해석: 근본 자리에 11번 정의 카드가 나왔다는 것은 법적으로 명백한 결론이 나올 일이라는 것을 의미합니다. 현재는 3번 동전 카드가 나왔는데요. 좋은 조력자 또는 회사가 함께하고 있음을 가리킵니다. 미래에는 0번 바보 카드가 나왔는데요. 홀가분하게 소송이 끝나는 것을 뜻합니다. 근본과 결론이 모두 깔끔하게 결론이 나는 것으로 볼 때 걱정 안 하셔도 될 듯합니다.

시계열 배열법에서는 첫 번째 카드를 근본과 과거 중에 어떤 것으로 봐야 할지 결정하는 것이 어렵다고 말씀하시는 분들이 많습니다. 사례 (1)에서는 과거와 근본 2개의 의미, 사례 (2)에서는 과거 의미, 사례 (3)에서는 근본 의미로 해석했습니다. 이것은 질문과 다른 카드들과의 조합을 보고 유연하게 적용, 판단해야 하는 부분입니다. 타로카드 해석에는 정답이 없으므로 상황에 맞게 유연한 해석을 하도록 해야 합니다.

시계열 응용 배열법
(6장 배열법)

+《《○ ※ ○》》+

시계열 배열법 2개를 붙여서 6장의 카드로 더 자세하게 보는 방법입니다. 시계열 응용 배열법으로 적합한 질문 주제는 2가지가 있습니다. 첫 번째로는 나의 입장과 상대방의 입장을 동시에 놓고 보는 상대방과의 관계입니다. 두 번째로는 2가지 이상의 선택 중 하나만을 선택해야 할 때 선택안들을 동시에 놓고 보는 양자택일입니다.

상대방과의 관계

6장 배열법은 관계운을 보기에 적합한 배열법으로 실전에서 많이 쓰게 되는 배열법 중 하나입니다. 여기서 관계는 인간관계뿐만 아니라 회사, 부동산, 사업체와의 관계까지 포함하는 개념입니다. 만일 상담을 해준다면 내담자 입장의 카드 3장은 내담자가 뽑고, 상대방 입장의 카드 3장은 타로마스터가 뽑습니다.

관계운 6장 배열법 시연 예시

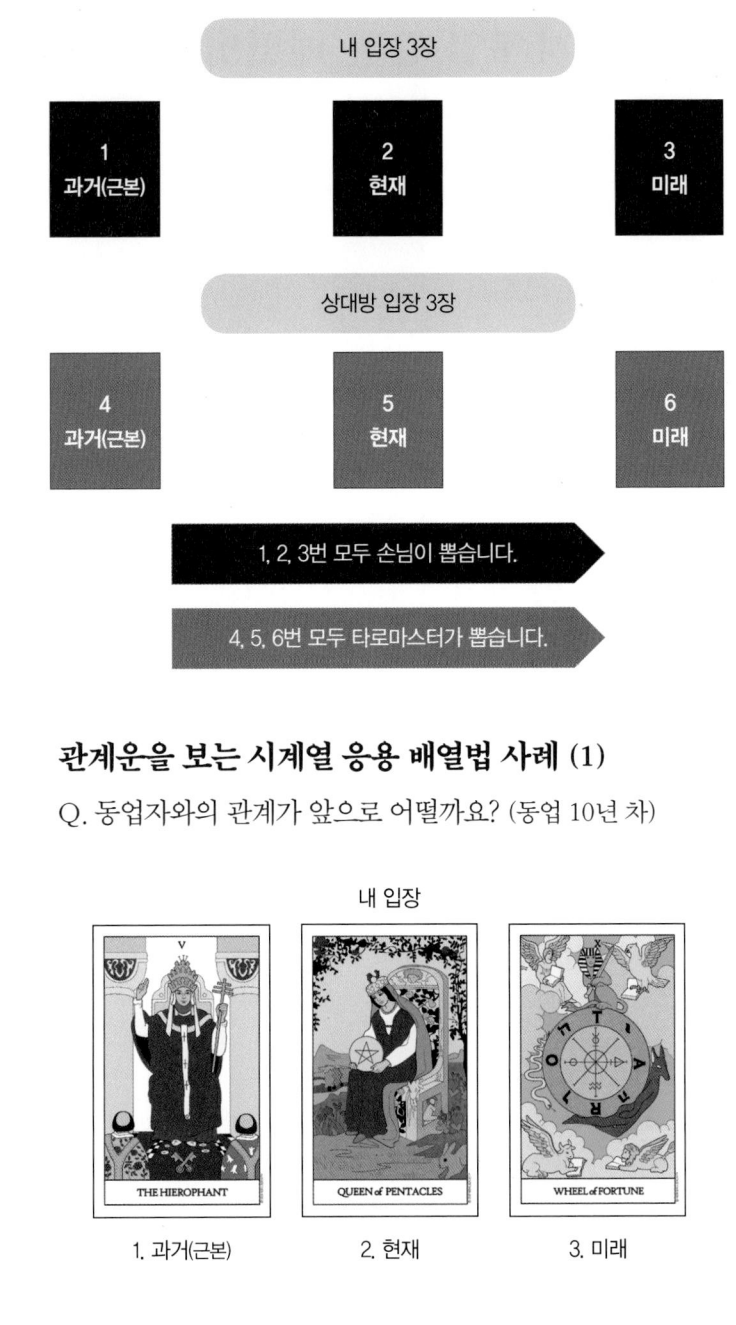

관계운을 보는 시계열 응용 배열법 사례 (1)

Q. 동업자와의 관계가 앞으로 어떨까요? (동업 10년 차)

내 입장

1. 과거(근본)   2. 현재   3. 미래

동업자 입장

| 4. 과거(근본) | 5. 현재 | 6. 미래 |

해석: 1번 자리의 5번 교황 카드와 4번 자리의 12번 매달린 남자(순교자) 카드를 볼 때 두 사람은 오랫동안 함께 갈 수 있는 인연인 것 같습니다(75쪽 실전 상담 사례 참조). 사업적인 것 외에도 서로 추구하는 삶의 방향과 신념이 통하는 면이 있을 것 같네요. 2번 자리의 카드를 보면 여왕의 동전 카드가 나왔는데요. 내담자께서 회사 운영의 전반적인 부분을 잘 챙기고 계신 것으로 보입니다. 3번 자리의 미래 카드로 10번 운명의 수레바퀴 카드가 나온 것을 볼 때, 내담자의 위치가 점점 더 익숙해지고 편안해질 것 같습니다.

5번 자리의 카드가 기사의 나무 카드로 나온 것으로 보아 동업자는 사업을 키우기 위해서 열심히 뛰고 있네요. 6번 자리의 카드로는 기사의 나무가 성장한 왕의 나무 카드가 나왔네요. 동업자는 일하면서 업무 능력이 올라갈 것으로 보입니다.

결론적으로 두 분은 앞으로 사업적으로 오래도록 함께해도 좋은 관계입니다.

관계운을 보는 시계열 응용 배열법 사례 (2)

Q. 지금 계약을 앞둔 거래처와 앞으로 어떻게 될까요?

내 회사 입장

1. 과거(근본)　　　2. 현재　　　3. 미래

거래처 회사 입장

4. 과거(근본)　　　5. 현재　　　6. 미래

해석: 1번 자리의 4번 동전 카드를 볼 때 이번 거래를 꼭 성사시키고자 하는 마음이 보이네요. 그리고 절대 양보하지 못하는 마지노선도 확실할 것 같습니다. 2번 자리의 19번 태양 카드를 볼 때 기대를 하고 있고 분위기도 좋아 보입니다. 그런데 3번 자리의 미래 카드가 태양 카드와는 반대되는 18번 달 카드가 나왔는데요. 이렇게 태양 카드와 달 카드가 동시에 나오는 경우 급격한 변화를 예상할 수 있습니다(97~98쪽 실전 상담 사례 참조). 이것으로 볼 때 계약

이 성사되는 데에 지금의 예상보다 시간이 걸리거나 분위기가 다운될 것 같습니다. 그 이유는 거래처 입장을 보면 알 수 있습니다. 4번 자리에 2번 고위 여사제 카드가 나왔는데 이 카드가 18번 달 카드와 함께 나올 경우 비즈니스 협상에서 예상치 못한 변수, 음모가 있음을 암시합니다. 즉, 거래처가 나에게는 말하지 않은 다른 계획을 갖고 있거나 다른 업체와 비교 중일 수 있습니다. 5번 자리는 현재 상황을 가리키는데 3번 컵 카드가 나온 것으로 볼 때 분위기는 좋게 만들어가고 있는 중입니다. 하지만 3명의 인물이 등장한 카드의 내용으로 볼 때 다른 회사(거래처)도 같이 협상 중일 수도 있습니다. 6번 자리는 미래를 가리키는데 14번 절제 카드가 나왔습니다. 컵 2개를 들고 재고 있는 카드입니다. 여기서 2개가 상징하는 것은 내 회사 외에 다른 회사일 수도, 세부적인 조건일 수도 있습니다.

거래를 성사시키고 싶다면 거래처 회사가 고민하고 있는 부분을 빨리 알아내고 그것을 풀어나가야 합니다.

양자택일 배열법

우리는 살면서 여러 개의 선택지 중에 하나만 선택할 수밖에 없는 상황에 놓일 때가 많습니다. 예를 들면 합격한 A, B 대학 중에 어디를 갈 것인지, 이사를 가려고 하는데 A, B, C 집 중에 어디로 갈 것인지와 같은 상황이지요. 양자택일 배열법은 1가지만 선택할 수 있는 상황일 때 쓰는 것이 중요합니다. 예를 들면 바리스타 공부를 할지, 타로카드 공부를 할지 묻는 질문은 양자택일이 아닐 수 있습니다. 둘 다 하는 것이 가능하기 때문이지요. 양자택일 배열법은 여러 선택지를 두고 현재 상황에서 나에게 가장 좋은 단 하나를 선택하기 위한 방법으로서 한 번의 배열에 모든 선택지를 놓고 1등을 찾는 배열법입니다. 그래서 100점 만점에 A는 99점, B는 98점인데 둘을 같이 놓고 비교하다 보니 B가 안 좋은 카드들만 나올 때도 있습니다. 이런 경우 만일 A와 B를 따로 본다면 둘 다 좋은 카드들만 나오게 되겠지요.

양자택일 6장 배열법 시연 예시

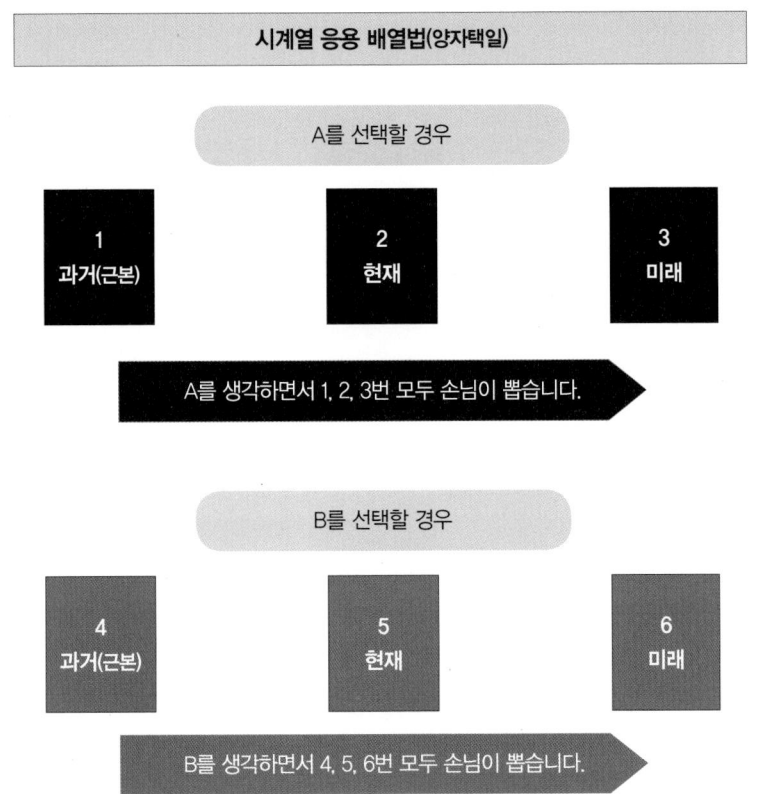

양자택일 배열법 사례 (1)

Q. 스카우트를 받은 A와 B 두 회사 중 어디로 가면 좋을까요?

A회사

1. 과거(근본)　　　　2. 현재　　　　3. 미래

B회사

4. 과거(근본)　　　　5. 현재　　　　6. 미래

해석: A회사는 소년의 동전 카드를 근본으로 하고 있습니다. 큰 돈을 벌거나 임원급의 권한을 기대하기는 어렵지만 안정적인 월급과 적당한 업무를 기대할 수 있는 곳 같습니다. 소년의 동전에서 여왕의 동전으로 성장하는 것으로 보아 승진과 연봉 인상도 순조롭게 될 것 같네요. 미래의 위치에 나온 9번 컵 카드는 직장에 만족하면서 다니게 될 것을 암시하는 것 같습니다. B회사의 경우, 3장의 타로카드 모두 흙의 에너지가 없고 자유로운 에너지를 가진 카드들입

니다. 즉, 이 회사를 오래 다니지 못할 것을 암시합니다. 또한 B회사의 시작점이라고 할 수 있는 4번 자리인 근본 위치에 4번 컵 카드가 나왔습니다. 4번 컵 카드는 백지 카드처럼 에너지가 무(無)에 가까운 카드인데 시작점에 이런 카드가 나왔다는 것은 시작조차 안할 수 있음을 의미하기도 합니다. 따라서 A와 B, 두 곳 중 한 곳을 택한다면 A회사를 가실 가능성이 크겠다고 보이네요.

양자택일 배열법 사례 (2)

Q. 두 곳의 대학에 합격했습니다. 어디를 가는 것이 좋을까요?

A대학

1. 과거(근본) 2. 현재 3. 미래

B대학

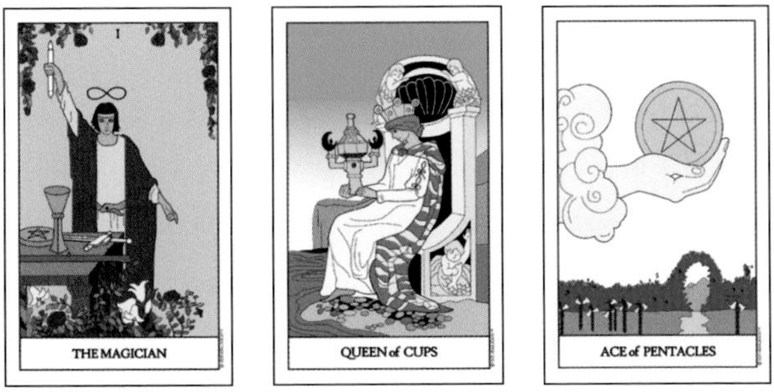

4. 과거(근본) 5. 현재 6. 미래

해석: A대학의 근본에 나온 3번 동전 카드는 그곳에서 일을 할 수도 있을 만큼 인연이 있는 곳이라고 보이네요. 대학원 진학, 교직원, 교수 정도의 인연을 예측해볼 수도 있겠습니다. A대학의 현재와 미래 자리에서는 각각 9번 은둔자 카드와 5번 교황 카드가 나왔습니다. 이곳에서는 공부를 깊게 많이 하고, 나중에는 가르치는 입장이 될 수도 있겠네요. B대학의 경우는 근본 자리에 1번 마법사 카드가 나왔습니다. 공부한 것을 바로 실전에서 쓰는 분위기입니다. 5번 자리의 여왕의 컵 카드는 다양한 것을 많이 경험한다고 볼 수 있겠네요. 6번 미래 자리에 에이스 동전 카드가 나온 것으로 보아 바로 취업을 하게 된다고 보입니다.

　두 곳은 장점이 확연히 달라서 어디가 더 좋고 나쁜지 정할 수가 없습니다. 이런 경우 내담자가 원하는 방향에 맞게 선택해야 합니다. 만일 박사까지 공부하고 싶다면 A대학을 가는 것이 좋고, 졸업 후 빨리 경제활동을 하고 싶다면 B대학이 더 좋을 듯합니다.

양자택일 배열법 사례 (3)

　Q. A와 B 중 어느 집으로 이사를 가면 좋을까요?

A집

1. 과거(근본)　　2. 현재　　3. 미래

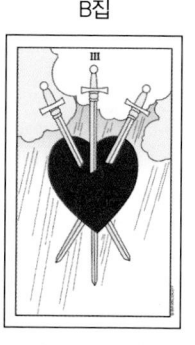

4. 과거(근본)   5. 현재   6. 미래

　해석: A와 B 두 곳에 대한 카드들을 보면 모두 좋지 않게 나왔습니다. A집의 경우는 예산이 안 맞을 수 있고, B집의 경우는 인연 자체가 안 될 것 같습니다. 이렇게 양자택일로 본 대안이 모두 안 좋은 경우도 있습니다. 이런 경우에는 A와 B가 아닌, 지금은 생각지 못한 C 대안이 있는 경우가 많았습니다.

지인천(地人天)
배열법

+《《○ ✻ ○》》+

앞에서 우리의 운은 하늘, 사람, 땅 3가지 요소의 합으로 만들어진다고 했었지요. 그렇기 때문에 이 3가지만 분석되면 어떤 운의 흐름도 예측이 가능합니다. 지인천 배열법은 인(人)이 가운데에 위치하고 양옆에 땅(地)과 하늘(天)이 위치합니다. 인(人)은 당사자 또는 주체의 에너지, 상태, 가치, 생각, 실력 등을 보여줍니다. 지(地)는 환경을 의미하는데 당사자 또는 주체가 놓인 환경이나 반대 지점에 있는 것, 즉 상대방, 회사 분위기, 면접관 등을 보여줍니다. 천(天)은 결과나 흐름에 영향을 미치는 강력한 외부 요인으로 제3자, 변수, 운 등을 의미합니다. 지인천 배열법은 어떤 주제에서도 쓸 수 있는 만능 배열법입니다. 질문에 맞게 지인천 위치의 의미를 잘 응용해서 적용할 때 보다 더 강력한 힘을 갖게 됩니다. 질문별 위치 응용 예시는 265쪽에 별도의 표로 정리해놓았습니다.

지, 인, 천 위치의 3장은 손님이 카드를 뽑고 결론 위치의 1장은 타로마스터가 카드를 뽑습니다.

지인천 배열법 시연 예시

1 환경(地)	2 나(人)	3 운(天)

4
결론

1, 2, 3번 모두 손님이 뽑습니다.

4번만 타로마스터가 뽑습니다.

내운내본 Tip

시계열 3장 배열법과 지인천 배열법은 어떤 질문에든 적용 가능한 배열법이라고 했습니다. 이유는 가장 기본적인 배열법이기 때문입니다. 그렇다면 2개의 배열법 중 하나를 선택할 때 어떤 기준으로 선택해야 하는지 의문이 생길 것입니다. 시계열 배열법은 흐름을 중점적으로 알아야 할 때와 미래의 상황이 더 궁금할 때 선택합니다. 지인천 배열법은 결과를 알고 싶거나 현재 기점의 상황을 더 자세히 알고 싶을 때 선택합니다. 예를 들면 '직장에서 앞으로 어떨까?'는 흐름을 묻는 질문이므로 시계열 배열법이 더 적합하고, '시험에 합격할까?'는 결과를 알고 싶어 하는 질문이므로 지인천 배열법이 더 적합할 것입니다.

지인천 배열법 사례 (1)

Q. 이번 면접에서 합격할 수 있을까요?

1. 면접관(환경 地)

2. 나의 실력(나 人)

3. 경쟁자(하늘 天)

4. 결론

해석: 1번 자리의 면접관 입장의 카드로 에이스 나무 카드가 나왔습니다. 움켜잡는 손의 모양은 나를 합격시키고자 하는 의지로 볼 수 있겠네요. 나의 실력을 가리키는 2번 자리에는 왕의 칼 카드가 나왔네요. 전문성을 갖고 있고 경쟁력이 충분하다고 보입니다. 경쟁자들을 나타내는 3번 자리에 소년의 칼 카드가 나온 것으로 볼 때 경쟁력이 있음을 다시 한번 확인할 수 있겠네요. 그래서 4번 자리의 결론 카드로 기사의 동전 카드가 나왔습니다. 이 카드는 좋은 제안이 들어오는 카드로 합격 가능성이 높다고 예측됩니다.

지인천 배열법 사례 (2)

Q. 받아야 할 돈이 있는데 받을 수 있을까요?

1. 채무자(환경 地)

2. 채권자(나 人)

3. 채무자 상황
(하늘 天)

4. 결론

해석: 1번 자리의 채무자 입장으로 2번 동전 카드가 나왔습니다. 동전 2개를 왔다 갔다 굴리고 있는 모습으로 볼 때 꼭 갚아야겠다는 마음이 없다고 볼 수 있습니다. 그렇다고 갚지 않겠다는 것도 아닙니다. 금전적으로도 궁핍한 정도는 아니지만 2번 동전 카드의 상황이면 수입과 지출이 거의 비슷한 상태로 여유가 없다고 볼수 있습니다. 2번 자리의 채권자 입장으로는 8번 인내 카드가 나왔네요. 내가 독촉할 입장이 아니어서 속앓이하면서 기다리는 중이라고 볼 수 있겠습니다. 채무자 상황을 나타내는 3번 자리에는 2번 고

위 여사제 카드가 나왔는데요. 채권자에게는 밝히지 않은 비밀스러운 상황에 처했을 수도 있습니다. 2번 고위 여사제 카드가 나오면 문제가 해결되지 않고 애매하게 오래가는 경우도 많거든요. 4번 자리의 결론으로는 6번 칼 카드가 나왔네요. 앞으로 나아가야 하는데 나가지 못하고 이동 속도가 느린 모습이 그려진 카드입니다. 돈을 받지도 못하고, 그렇다고 포기도 못하는 상황이 이어질 것임이 예측됩니다.

지인천 배열법 사례 (3)

Q. 지금 다니는 직장을 계속 다니게 될까요?

1. 회사(환경 地)　　2. 내 입장(나 人)　　3. 변수(하늘 天)

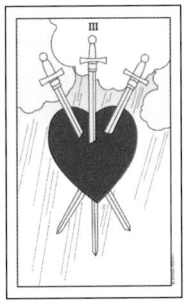

4. 결론

해석: 1번 자리의 회사 입장으로는 2번 컵 카드가 나왔습니다. 계약, 협상, 균형을 의미하는 카드이므로 회사는 나와 앞으로도 함께하고자 할 것 같습니다. 2번 자리의 내 입장을 가리키는 카드로는 3번 동전 카드가 나왔습니다. 안정적으로 일을 잘하고 있고 동료들 간에 업무적으로도 잘 맞을 것 같습니다. 3번 자리의 변수로 3번 컵 카드가 나왔습니다. 회사와의 관계는 큰 문제가 없을 것 같은데 만약에 그만둔다면 제3의 요인이 변수로 작용할 것 같습니다. 4번 자리의 결론으로는 3번 칼 카드가 나왔습니다. 이 카드는 갑작스럽거나 예상과 다르게 그만두게 되는 경우를 의미하는데, 그 이유에 대해서는 추가 타로카드를 뽑아서 확인할 필요가 있겠습니다. 갑자기 그만두는 예로는 결혼, 육아휴직, 다른 직장에서의 스카우트 등이 있습니다.

내운내본 Tip

지인천 배열법에서 천, 지, 인 3장의 카드와는 반대되는 결론의 카드가 나올 때가 있습니다. 앞의 사례 (3)의 경우, 3장의 카드 모두 회사를 계속 다니는 흐름으로 나왔는데 결론을 가리키는 1장의 카드가 그만두는 것으로 나왔습니다. 이와는 반대로 3장의 카드는 모두 부정인데 결론 카드 1장만 강한 긍정으로 나오는 경우도 있습니다. 이렇게 결론이 다른 카드들과 반대로 나오는 경우는 강한 변수가 있음을 암시합니다. 만일 그것을 추론해내면 결과를 확인하는 시점이 되었을 때 소름 돋는 상담이었다는 평가를 받을 수 있습니다.

질문	환경 (지[地])	나 (인[人])	운 (하늘[天])
			지인천 배열법 응용 예시
채무 관계	채무자 입장	채권자 입장	채무자의 재정 상태
면접	면접관 입장	내 실력	경쟁자 실력
시험 합격	시험 난이도 (분위기)	내 실력	변수 (당일 컨디션, 모집 인원 등)
직장	직장 분위기	내 입장 (직장에 대한 생각)	변수 (스카우트, 승진, 폐업 등)
인간관계	상대방 입장	내 입장 (상대방에 대한 생각)	변수 (제3자, 상황 변화 등)
부동산 거래	부동산 살 사람 (근처 거래 분위기)	내 입장 (부동산에 대한 애착, 거래 금액 수준)	거래운

'내운내본'
심화 해석 비법

지금까지 배운 배열법을 익숙하게 쓰게 된다면 타로카드로 내 운을 스스로 보고, 지인들을 상담해주는 수준까지 충분히 도달할 수 있습니다. 그런데 어떤 분야든 익숙해지면 더 잘하고 싶어지는 마음이 생기는 것이 인지상정입니다. 그래서 이번 장에서는 여러분들이 타로카드로 더 깊게 운을 볼 수 있도록 정회도만의 비밀 데이터를 공유해드리고자 합니다.

　　앞에서 제시한 배열법 사례들의 해석은 겉으로 보이는 타로카드의 의미를 하나의 이야기로 만드는 수준의 해석이었습니다. 이 책을 3번 정독하고 100명을 상담을 해주고 나면 이야기를 자연스럽게 만들어내는 수준에 이를 것입니다. 그 이후에 앞으로 설명할 심화 해석 기법을 보면 더 넓은 시야를 갖게 될 것입니다.

성질을 보면
전체가 보인다

+‹《○ ✳ ○》›+

성질(性質)

1. 사람이 지닌 마음의 본바탕.

2. 사물이나 현상이 가지고 있는 고유의 특성.

사람, 회사, 사업 등 모든 존재와 주체는 고유의 성질을 지닙니다. 타로카드는 현재의 에너지를 그림이라는 직관적인 매개체를 통해서 우리가 읽어낼 수 있게 도와줍니다. 현재의 에너지를 살펴보면 고유의 성질을 파악할 수 있습니다. 성질을 파악하고 나면 과거, 현재, 미래를 모두 볼 수가 있는데요. 구체적인 사례를 통해서 함께 보도록 하겠습니다.

사람의 성질 분석 사례 (1)

Q. 아들(17세)이 학교를 안 가려고 해요. 왜 그러는 건가요?

지금까지 배운 내용에 따르면 이 질문은 구체적이지 않기 때문에 답변하기 어려운 질문입니다. 따라서 이 질문을 '우리 아들이 학교생활을 잘할 수 있을까요?'로 바꾼 뒤에 내담자에게 학교생활을 잘하는 아들의 모습을 상상하면서 카드를 뽑게 하는 것이 올바른 순서입니다. 여기서 심화 해석을 하는 방법은 아들의 성질을 타로카드로 본 후에 추론하는 것입니다. 성질을 볼 때는 3장의 카드를 뽑습니다. 다음과 같이 나온 3장의 카드를 통해 다각도로 성질을 분석해보겠습니다.

1) 2번 고위 여사제: 자기만의 세계관이 있음, 섬세함, 마음에 담아둠, 사람을 깊게 사귐, 이중성이 있음.

2) 왕의 컵: 감정이 풍부함, 순수함, 창의적임, 예술적 감각, 감정 기복.

3) 10번 칼: 큰 상처, 극단적임, 폭발함.

해석: 아드님은 사람을 한번 좋아하면 온 마음을 다해 좋아하는 사람인 것 같습니다. 그런데 그 방식이 맞는 사람과는 오래가겠지만, 그렇지 않은 경우에는 사소한 것으로부터도 큰 상처를 받을 수 있습니다. 아드님은 학교에서 친구나 선생님으로부터 큰 상처를 받은 것으로 보입니다. 보통 고위 여사제 카드가 나오는 경우, 감정 기복을 드러내지 않고 참는 편인데, 아드님은 그 자리에서 감정을 표출할 것 같습니다. 상대 입장에서는 대수롭지 않게 하는 말이나 행동을 큰 의미로 받아들여 오해를 하고 상처를 받을 수도 있고요. 다

양한 사람들과 무던하게 어울려서 지내는 사람은 아닐 것 같습니다. 이런 사람의 장점은 남들이 생각하지 못한 것을 떠올리는 창의성이 있고, 새로운 분야를 개척할 가능성도 있습니다. 그러므로 정해진 틀에 맞추게끔 하지 말고 자신만의 길을 가게 도와줘야 합니다. 학교를 계속 다니게는 하지만 다른 사람과의 관계에 의미를 두지 말고 본인이 좋아하는 것에 집중할 수 있게 해주면 큰 문제없이 학교를 졸업할 수 있을 듯합니다. 이런 사람은 성장하면서 자신의 위치가 견고해지면 자존감이 올라가고 무던해지기도 합니다.

사람의 성질 분석 사례 (2)

Q. 직장 상사 때문에 너무 힘듭니다. 어떻게 해야 할까요?

직장 상사가 어떤 성질의 사람인지 3장의 타로카드로 파악해보도록 하겠습니다.

1   2   3

1) 여왕의 컵: 순수함, 감정적임, 호기심이 많음, 기복이 있음.

2) 5번 나무: 정신없음, 일을 벌임, 바쁨, 체계가 없음.

3) 여왕의 칼: 예민함, 분석적임, 단호함, 방어적임.

해석: 직장 상사를 한 문장으로 이야기하면 일을 벌여놓고 실무와 마무리는 아랫사람에게 시키고는 잘되면 자기 덕이고, 안 되면 선을 긋고 본인은 뒤로 빠지는 유형 같습니다. 상사는 물(여왕의 컵), 불(5번 나무), 바람(여왕의 칼)의 성질은 두루 갖고 있지만 흙의 성질은 없습니다. 이것은 주관이 뚜렷하지 않아 흔들릴 수 있음을 의미합니다. 그렇다면 내담자님께서 오히려 부하 직원임에도 불구하고 일의 체계를 잡고 리더처럼 행동하면 관계가 지금보다 좋아질 것 같습니다. 대신 상사는 감정 기복이 크고, 예민하기 때문에 비위를 잘 맞춰줘야 하고 계속 기분 좋게 띄워줘야 합니다. 티 나지 않게 주도권을 갖고 가야 합니다.

사업의 성질 분석 사례 (1)

Q. 다음 달에 음식점을 오픈합니다. 어떻게 될까요?

오픈할 음식점이 어떤 성질을 갖게 될지 3장의 타로카드로 예측해보겠습니다.

1) 12번 매달린 남자: 고집이 강함, 책임감이 있음, 확고함, 개성이 뚜렷함, 사명감, 안정적임, 확장이 어려움.

2) 10번 컵: 가족, 화목함, 안정됨, 단골, 완성.

3) 10번 운명의 수레바퀴: 오래갈 인연, 벗어나지 못함, 단골, 환경이 만들어짐.

해석: 오픈하게 될 음식점은 꼭 하고 싶었던 일인 것 같습니다. 준비도 많이 하셨고, 어떻게 운영할지 콘셉트와 계획이 확실할 것 같네요. 메뉴를 다양하게 마련한 것이 아니라 잘하는 것으로만 구성할 것 같고 변화도 크게 안 줄 것 같습니다. 가게 운영 기간이 길어질수록 단골들이 점점 쌓이게 되고 나중에는 단골만으로 영업을 유지하게 될 것 같습니다. 단순히 돈을 벌기 위한 식당이 아닌 나의 일부, 가족 같은 공간이 되겠네요. 그렇기 때문에 사장님이 자리에 없고 직원만 두게 되면 가게는 내리막길을 걸을 수도 있습니다. 또한 자리를 잡은 후에는 확장이나 큰 변화는 주지 않는 편이 좋을 듯합니다.

사업의 성질 분석 사례 (2)

Q. 지금 생각하고 있는 사업이 잘될까요?

사업의 성질을 3장의 타로카드로 예측해보겠습니다.

1) 19번 태양: 즐거움, 행복함, 순수함, 미숙함, 불안함.

2) 2번 컵: 균형, 협상, 조화, 양다리(숫자 2에서 추론).

3) 기사의 나무: 열정, 활력, 추진력, 지속성 부족, 일관성 부족.

해석: 지금 염두에 두고 계신 사업은 돈을 보고 한다기보다 이 일은 즐겁게 열심히 할 수 있을 것 같다는 생각으로 하는 것 같습니다. 이 일로 꾸준히 돈을 벌거나 짧은 시간 안에 큰돈이 들어올 것 같지는 않습니다. 그래서 본업이 있는 상태에서 부업 개념으로 즐겁게 일하면서 부수입도 생기는 정도로 보면 어떨까 싶습니다. 따라서 큰 투자를 하는 것을 권하지는 않고 취미 생활처럼 가볍게 시도하면서 조금씩 키워나가는 것을 추천합니다.

앞의 사례들을 보면 성질을 분석할 경우 타로카드 해석에 깊이가 더해짐을 느꼈을 것입니다. 하지만 3장의 카드를 통합해서 성향, 특성, 장단점 등을 파악하는 작업이 어렵다고 생각했을 것입니다. 다음에 나오는 성질 분석 시 참고 사항을 보면서 연습하다 보면 어느 순간 3장이 연결되어 읽히게 될 것입니다.

성질 분석 시 참고 사항

1) 흙, 물, 불, 바람 4원소 가운데 어떤 성질을 강하게 갖고 있고 어떤 성질이 부족한지를 먼저 확인합니다. 다음의 표는 메이저카드가 갖고 있는 4원소 에너지를 정리한 것입니다

메이저카드	4원소	메이저카드	4원소
0번 THE FOOL (바보)	물, 바람	11번 JUSTICE (정의)	바람 (칼), 흙
1번 THE MAGICIAN (마법사)	바람	12번 THE HANGED MAN (매달린 남자)	흙
2번 THE HIGH PRIESTESS (고위 여사제)	흙	13번 DEATH (죽음)	불, 흙
3번 THE EMPRESS (여황제)	불, 흙	14번 TEMPERANCE (절제)	물
4번 THE EMPEROR (황제)	흙	15번 THE DEVIL (악마)	불, 바람
5번 THE HIEROPHANT (교황)	물, 흙	16번 THE TOWER (타워)	불
6번 THE LOVERS (러버)	물	17번 THE STAR (스타)	물, 불
7번 THE CHARIOT (전차)	불	18번 THE MOON (달)	물, 흙
8번 STRENGTH (인내)	흙	19번 THE SUN (태양)	물, 불
9번 THE HERMIT (은둔자)	흙	20번 JUDGEMENT (심판)	물, 흙
10번 WHEEL of FORTUNE (운명의 수레바퀴)	바람, 흙	21번 THE WORLD (월드)	흙

2) 핵심 성질을 보여주는 타로카드가 있다면 그것을 중심으로 성질을 파악합니다. 핵심 성질 파악은 메이저카드, 궁정카드, 마이너카드 번호 순서로 파악하면 됩니다.

3) 질문 내용과 손님의 특성을 살피면 성질을 파악하는 데 많은 도움이 됩니다.

에너지의 흐름을 보면
미래가 예측된다

에너지의 흐름은 3가지로 나누어 볼 수 있습니다. 바로 상승, 하강, 정체입니다. 에너지의 흐름을 볼 때 1가지 더 파악해야 할 것은 빠름과 느림, 즉 속도입니다. 이 기준에 따라 에너지의 흐름은 총 6가지로 나뉩니다.

빠른 상승, 느린 상승, 빠른 하강, 느린 하강, 단기간 정체, 장기간 정체입니다.

그러면 구체적인 사례를 통해서 에너지의 흐름을 파악해보도록 하겠습니다.

에너지의 흐름 사례 (1)

1. 과거(근본)   2. 현재   3. 미래

느린 상승: 하나의 동전을 가진 소년의 동전 카드에서 귀부인이 9개의 동전을 갖고 있는 9번 동전 카드로 상승합니다. 그리고 여왕의 동전 카드로 또 한 번 상승하지요. 즉, 소년의 동전에서 여왕의 동전으로 상승했습니다. 3장의 카드 모두 흙의 성질인 동전 카드가 나왔기 때문에 안정적이지만 속도는 느린 흐름입니다. 앞의 사례가 연인 간의 관계에서 나왔다면 1년 이상 연애를 하면서 서로 신뢰를 쌓고 결혼까지 간다고 볼 수 있습니다. 만일 투자 주제의 상담이라면 장기 투자를 권할 수 있는 흐름입니다.

에너지의 흐름 사례 (2)

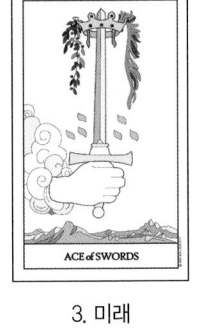

| 1. 과거(근본) | 2. 현재 | 3. 미래 |

빠른 하강: 7번 전차 카드가 지닌 불의 에너지가 기사의 나무 에너지로 떨어집니다. 캠프파이어 같은 불에서 횃불 정도로 약해졌다고 비유할 수 있겠네요. 그리고 에이스 칼 정도의 에너지로 다시 약해집니다. 불이 꺼지고 바람만 남는 흐름이지요. 불과 바람의 성질을 지닌 카드가 나왔고 7번 전차 카드에서 에이스 칼 카드로 가는 흐름이기 때문에 빠른 하강이라고 볼 수 있습니다. 위의 사례가 투자를 주제로 한 상담에서 나왔다면 단기 투자가 맞겠습니다. 타이밍을 놓치면 수익률이 크게 떨어질 수도 있겠지요.

에너지의 흐름 사례 (3)

1. 과거(근본)   2. 현재   3. 미래

단기간 정체: 9번 컵 카드는 느긋하게 앉아 있는 카드로 좀처럼 움직이지 않을 것 같습니다. 2번 칼 카드도 고립된 상태로 현 상태에 머물러 있는 카드입니다. 6번 칼 카드도 앞으로 나아가려고 하지만 이동 속도가 느린 카드입니다. 정체기일 때는 이렇게 움직임이 없거나 에너지 레벨이 낮은 카드들이 나옵니다. 위의 사례가 '가게를 언제 정리할 수 있을까요?'라는 질문에서 나왔다면 당분간은 가게를 유지할 가능성이 있다고 봐야겠지요. 정체의 흐름에서 다음과 같은 3가지 요인이 있다면 단기간 정체라고 예측할 수 있습니다.

1) 물, 불, 바람의 에너지 구성으로 가변성이 있는 카드들이 많이 나왔다.

2) 움직임이 조금이라도 있는 카드가 나왔다. (위의 사례에서는 6번 칼 카드가 움직임이 있는 카드였음.)

3) 메이저카드 중 잡고 있는 에너지의 카드가 나오지 않았다.

위의 3가지 요인과 반대되는 카드들이 나온다면 장기간 정체라고 볼 수 있습니다. 다음은 장기간 정체의 흐름을 보여주는 카드의 예시입니다.

 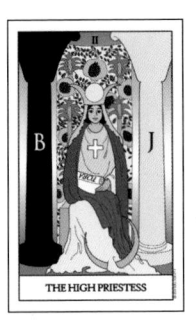 

1. 과거(근본)　　　　　2. 현재　　　　　3. 미래

　　장기간 정체: 4번 동전 카드는 자신이 잡은 것을 놓지 않는 모습입니다. 그래서 상승도 하강도 하지 못하지요. 2번 고위 여사제 카드는 보수적이고, 미련을 가진 카드로 변화를 두려워합니다. 10번 운명의 수레바퀴 카드는 돌고 돌아서 원점으로 회귀하는 에너지를 갖고 있기 때문에 현 상태에서 벗어나기가 쉽지 않습니다. 마이너 카드인 4번 동전 카드에서 메이저 2번 여사제 카드로 올라갔고 그다음 메이저 10번 운명의 수레바퀴 카드로 숫자가 한층 더 올라갔습니다. 에너지 흐름 측면에서는 상승의 흐름입니다. 그런데 여기서 상승이란 정체의 에너지가 상승하는 것으로 시간이 흐를수록 변화가 더 힘들어짐을 의미합니다. 만일 위의 사례가 '이혼을 할 수 있을까요?'라는 질문에 나온 카드라면 기본적으로 이혼은 힘들고 시간이 흐를수록 더 어려워진다고 볼 수 있습니다.

　　정체의 의미는 현 상태에서 변화가 없이 유지된다는 의미로 꼭 부정적인 것만은 아닙니다. 유지를 원하는 사람이라면 긍정으로 해석이 가능합니다.

숫자가 주는
힌트에 주목한다

+《《○※○》》·+

피타고라스는 '수(Number)는 삼라만상에 보편적으로 존재하는 우주 암호(Cosmic code)'라고 말했습니다. 숫자는 타로카드를 구성하는 중요한 요소입니다. 뽑힌 타로카드의 숫자들이 보내는 메시지를 잘 파악할 수 있다면 미래를 예측하는 데 큰 힌트를 얻을 수 있습니다.

타로카드에서 찾을 수 있는 숫자 에너지는 다음과 같습니다.

1. 타로카드에 부여된 번호 자체가 숫자 에너지를 보여줍니다.

0번이므로 숫자 0의 에너지를 갖고 있습니다.

2번이므로 숫자 2의 에너지를 갖고 있습니다.

2. 등장인물의 인원수로 힌트를 얻을 수 있습니다.

위의 4장의 카드들은 등장인물이 총 3명입니다. 참고로 10번 동전 카드에 그려진 아이는 성인 3명의 관계에 영향을 주지 않는 순수한 존재로서 그림에서도 절반만 등장합니다. 그래서 아이는 인원수에 포함시키지 않습니다. 위의 4장의 카드 중 2장 이상이 나올 경우 제3자, 제3의 옵션, 외부 개입, 삼각관계 등을 의미하는 경우가 많았습니다.

3. 타로카드의 등장인물이 들고 있는 상징물의 개수로 힌트를 얻을 수 있습니다.

11번 정의 카드에는 저울 접시 2개, 14번 절제 카드에는 컵 2개, 2번 동전 카드에는 동전 2개, 2번 칼 카드에는 칼 2개, 6번 동전 카드에는 저울 접시 2개가 그려진 모습을 볼 수 있습니다. 이 카드들 중 2장 이상 동시에 나올 경우 'A와 B', '한다/안 한다'처럼 양자택일 상황에서 고민 중인 경우가 많습니다.

4. 숫자의 흐름으로 에너지 흐름을 파악할 수 있습니다.

1. 과거(근본)　　　2. 현재　　　3. 미래

위의 카드에서 2번 컵 카드의 숫자 2, 7번 컵 카드의 숫자 7, 10번 컵 카드의 숫자 10을 볼 때, 2-7-10으로 숫자가 점점 올라감을 알 수 있습니다. 물의 에너지 상승으로 완만한 상승이 예측됩니다.

1. 과거(근본)   2. 현재   3. 미래

위의 카드에서 8번 나무 카드의 숫자 8, 5번 나무 카드의 숫자 5, 에이스 칼 카드의 숫자 1을 볼 때 8-5-1로 숫자가 점점 내려감을 알 수 있습니다. 불에서 바람으로 가는 하강으로 흐지부지되는 모습의 하강 예측이 가능합니다.

5. 공통된 숫자가 나왔을 때 숫자 에너지가 강해집니다.

1. 과거(근본)   2. 현재   3. 미래

위의 경우 마이너 5번 카드 3장이 연속으로 나왔습니다. 이런 경우 숫자 5의 에너지가 강해진다고 볼 수 있는데요. 숫자 5의 에너

지는 역경, 고난, 불확실 같은 부정의 에너지이기 때문에 현재 내담자가 매우 힘든 상황이라고 예측할 수 있습니다.

1. 과거(근본)　　　2. 현재　　　3. 미래

위의 경우 마이너 4번 카드 3장이 연속으로 나왔습니다. 이런 경우 숫자 4의 에너지가 강해진다고 볼 수 있는데요. 숫자 4의 에너지는 고정, 안정, 정체의 에너지로 에너지 흐름상 정체의 에너지가 강해진다고 볼 수 있습니다. 마이너카드만 나왔기 때문에 단기간 정체라는 예측도 가능합니다.

1. 과거(근본)　　　2. 현재　　　3. 미래

위의 경우 1번 마법사, 에이스 나무, 에이스 칼 카드로 3장 모두 숫자 1의 에너지를 가졌습니다. 숫자 1은 시작의 에너지로 어떤 일을 새롭게 시작했거나 하게 될 것임을 강하게 암시한다고 볼 수 있습니다.

지금까지 심화 해석을 위해 다양한 관점으로 타로카드를 읽을 수 있는 3가지 방법을 공유했습니다. 이런 관점들이 있다는 것을 염두에 두고 타로카드를 해석하는 습관을 가지면 어느 순간 해석의 심도가 한층 깊어짐을 느끼게 될 것입니다. 그럼 지금까지 배운 방법들을 적용해서 해석하는 사례를 보여드리도록 하겠습니다.

246쪽에서 다루었던 사례를 심화 해석 기법을 적용해서 다시 분석해보겠습니다.

Q. 지금 다니는 직장에서 향후 어떻게 될까요? (현재 직장 5년 차)

1. 과거(근본)   2. 현재   3. 미래

성질 분석: 소년의 동전(흙), 8번 동전(흙), 10번 운명의 수레바퀴(바람, 흙) 카드가 나온 것으로 보아 흙의 성질이 우세하므로 안정적이라고 볼 수 있습니다. 이는 직장의 성질을 보여주기도 하지만 타로카드를 뽑은 내담자의 성질을 보여줄 수도 있습니다.

숫자와 에너지 흐름 분석: 소년은 시작하는 단계로 숫자 1의 에너지를 가졌습니다. 앞의 3장의 카드에서 보이는 숫자의 흐름은 1-8-10으로 상승의 흐름임을 알 수 있습니다. 상승의 속도는 흙의 성질이 우세하므로 느린 상승에 가깝습니다.

위의 사례 분석을 보면서 혼란스러울 수도 있을 것입니다. 시계열 배열을 따르면서 과거(근본), 현재, 미래로만 보는 것이 아니라 복합적으로 보기도 하고 쪼개서도 보는 등 배열법 위치를 파괴했기 때문입니다. 기본 해석에서는 배열법 위치에 맞게 이야기를 만들어 갑니다. 앞서도 말했지만 기본 해석만으로도 내 운을 스스로 보기에 충분합니다.

심화 해석은 여기서 한발 더 나아가 타로카드의 이야기를 다각도로 살피는 것입니다. 타로카드는 하나의 메시지만 주지 않고 여러 가지 메시지를 동시에 줍니다. 그 메시지를 정확하게 몇 개를 해석하느냐에 따라 해석의 깊이가 달라지는 것이지요.

만일 저에게 '집'을 그리라고 하면 지붕, 창문, 대문 등을 그려서 누가 봐도 이 그림이 '집'이라고 말할 수 있게 그림을 그릴 수 있습니다. 저는 그림을 못 그리는 편이지만 표현은 할 수 있습니다. 그런데 화가에게 '집'을 그려달라고 하면 더 멋있고 구체적으로 잘 그리겠지요.

기본 해석과 심화 해석의 차이는 이런 것입니다. 혹여나 심화 해석까지 가지 못했으니 타로카드 해석을 할 자신이 없다고 생각할 필요가 없습니다. 기본 해석의 수준으로 상담 내용이 단순할지라도 의미가 올바르게 전달되고 그 과정에서 진정성이 담긴다면 충분히 성공한 상담이 될 수 있습니다. 그림도 많이 그리다 보면 실력이 어

느 정도 늘듯이 타로카드 해석도 많이 하다 보면 어느새 심화 해석
의 영역으로 가게 됩니다.

남의 운명도
내가 본다

타로카드를 배우면 좋은 점 첫 번째는 내 운명은 내가 볼 수 있게 되는 것(내운내본)입니다. 두 번째로 좋은 점은 남의 운명도 내가 봐줄 수 있게 됩니다(남운내본). 제가 타로카드를 배우고 나서 가장 좋았던 것은 어딜 가나 환영받는 사람이 될 수 있었던 것입니다. 타로카드라는 장기가 있으니 사람들이 타로 상담을 받고 싶어서 늘 환영해주더군요. 그리고 타로카드라는 매개체 덕분에 상대방이 쉽게 마음의 문을 열게 되어 짧은 시간 안에 가까워지기도 합니다. 타로카드로 다른 사람을 상담해주는 일은 즐겁고 보람도 있습니다. 여기에 더해 실력도 쌓여간다면 부업으로 수입을 창출할 수도 있습니다. 타로 상담을 부업으로 해보기를 원하시는 분들은 이 책의 뒤편 부록에 적힌 안내를 참고하시면 됩니다.

앞서 설명한 기본 배열법과 심화 상담법을 활용하는 것만으로도 '남운내본'이 가능하긴 하지만, 2가지를 더 알고 가야 할 부분이 있어 이렇게 별도의 장을 만들게 되었습니다. '남운내본'을 할 때 질문은 크게 2개의 카테고리로 나뉩니다. 바로 연애운과 금전운입니다. 이번 장에서는 두 영역의 상담에 대해 더 자세히 다루겠습니다.

연애
궁합운

연애운은 현재 상황에 따라서 두 영역으로 다시 나뉩니다. 만나는 사람이 있거나 기혼자인 경우에는 연애 궁합운을 보고, 만나는 사람이 없다면 연애 솔로운을 봅니다. 특정 대상의 유무 차이라고 생각하면 됩니다. 연애 궁합운을 상담할 때는 두 사람의 파동 에너지를 먼저 보고, 그것을 다시 교차해서 여러 방면으로 분석합니다. 2개의 소우주의 합을 보는 일이지요. 그래서 가장 어려운 주제이기도 합니다.

연애 궁합운을 보기 전에는 두 가지를 확인해야 합니다. 첫 번째는 구체적인 대상 1명이 있는지 확인해야 합니다. 이를 확인할 때, 내담자가 확실하게 구체적인 대상을 먼저 말했다면 재확인할 필요는 없습니다. 두 번째는 사귄 기간입니다. 한 달 사귄 사이와 10년 사귄 사이는 같은 타로카드가 나와도 해석이 달라집니다. 예를 들면 8번 동전 카드(일명 '장인 카드')가 1달 사귄 사이에서 나왔다면 권태기가 너무 빨리 왔다고 볼 수 있지만, 10년 사귄 사이에서 나왔다면 권태기보다는 안정감이라는 해석이 적절합니다. 사귄 기간이 1년 미만이라면 알고 지낸 기간도 확인해야 합니다. 1달 사귄 사이라고 해도 알고 지낸 기간이 3년인 경우라면 깊은 관계라고 볼 수 있기 때문이지요. 부부 상담의 경우에는 굳이 사귄 기간은 물어보지 않아도 됩니다.

연애 궁합운은 앞에서 배운 관계운을 보는 배열법인 6장 배열법으로 볼 수 있습니다. 구체적인 사례를 통해서 살펴보도록 하겠습니다.

연애 궁합운 6장 배열법 시연 예시

연애 궁합운 사례 (1)

만난 기간 3년, 내담자 여성 30대 중후반 예상

손님 입장 (여성)

1. 과거(근본)　　　2. 현재　　　3. 미래

상대방 입장 (남성)

4. 과거(근본)　　　5. 현재　　　6. 미래

연애 궁합운을 볼 때 내담자는 상대방을 생각하면서 3장의 타로카드를 뽑습니다. 그리고 타로마스터가 상대방의 입장이 되어서 3장의 타로카드를 뽑습니다. 그 후에 앞의 배열법으로 타로카드를 배치합니다.

해석: 연애 궁합운 해석을 할 때 중요한 포인트는 2가지입니다. 첫 번째는 두 사람의 성향과 마음을 보는 것입니다. 두 번째는 전체 카드를 보고 두 사람의 인연의 근본을 보는 것입니다.

여자의 성향은 0번 바보 카드와 여왕의 컵 카드를 통해서 알 수 있습니다. 물의 성향이 강한 것으로 보입니다. 고집이 없고 상대방에게 잘 맞추는 유형입니다. 단점은 연약하고 외로움을 잘 타기 때문에 상대방이 항상 믿음을 주고 챙겨줘야 합니다. 현재 여자는 남자를 사랑하고 있습니다. 3번 미래 자리에 나온 4번 나무 카드를 볼 때 결혼을 생각하고 있는 것 같네요.

남자의 성향은 12번 매달린 남자 카드와 21번 월드 카드를 통해서 알 수 있습니다. 흙의 성향이 강한 것으로 보입니다. 고집이 있고 책임감이 강합니다. 상대방으로 하여금 자기의 생각과 패턴을 따르게 하는 성향입니다. 자신의 생각이 정답이라고 믿는 유형입니다. 사람에게 쉽게 마음의 문을 열지 않지만 한번 마음의 문을 열면 끝까지 함께 가려고 합니다. 6번 미래 자리에 나온 카드가 21번 월드 카드인 것으로 볼 때 남자는 여자와의 결혼을 확신하고 있는 것 같네요.

두 사람은 결혼의 인연이 강합니다. 0번 바보, 4번 나무, 3번 동전, 21번 월드 카드 모두 결혼을 의미합니다. 두 사람의 성향은 상호 보완이 되는 관계로 결혼을 해도 잘 살 것 같습니다. 추가 카드를 뽑아 언제 결혼하면 좋은지 볼 수 있겠네요.

앞의 해석에서 0번 바보 카드는 이별과 결혼의 의미가 있지요. 3번 동전 카드는 결혼과 삼각관계의 의미가 있고요. 이런 경우 주변 카드와의 조합을 통해서 해당 카드의 정확한 의미를 알 수 있습니다. 이 경우에는 함께 나온 다른 카드들이 결혼을 의미하기 때문에 결혼으로 해석했습니다.

연애 궁합운 사례 (2)

만난 기간 3개월, 알고 지낸 기간 3개월, 내담자 여성 20대 후반 ~30대 초반 예상

손님 입장 (여성)

1. 과거(근본)   2. 현재   3. 미래

상대방 입장 (남성)

4. 과거(근본)   5. 현재   6. 미래

해석: 2번 고위 여사제 카드와 3번 여황제 카드가 같이 나왔습니다. 48쪽에서 연애 궁합운을 볼 때 이 두 카드가 동시에 나오면 제3자가 존재하는 경우가 많다고 했습니다. 이 정보를 먼저 인지하고 해석을 시작하는 것이 앞의 사례에서는 중요한 포인트입니다. 상대방 입장의 카드로는 3명의 인물이 등장하는 3번 동전 카드와 6번 동전 카드가 나왔습니다. 이것으로 볼 때 남자가 다른 여자를 만나는 중일 수도 있다는 의심을 강하게 할 수 있습니다. 이때 타로마스터는 내담자에게 남자 친구를 생각하라고 요청하고 추가 카드를 뽑아 남자에게 다른 여자가 있는지 여부를 알아볼 수 있습니다. 추가 카드로 5번 교황, 21번 월드, 10번 동전 카드 등 결혼의 의미를 가진 카드가 나왔다면 내담자가 교제 중인 남성이 유부남일 가능성도 있습니다. 이런 전제를 두고 보면 여자의 현재 위치에 나오는 7번 동전 카드는 여자가 이 관계를 고민 중임을 나타내고 있고, 미래 위치에 나온 5번 컵 카드는 여자가 곧 실망하게 됨을 암시합니다. 앞의 사례에서는 사람의 성향까지 볼 필요가 없습니다. 하나의 큰 장애물이 관계에 미치는 영향이 절대적이기 때문입니다.

연애 궁합운 사례 (1)에서는 3번 동전 카드를 결혼으로 보았는데 이번 사례에서는 다른 여자가 있는 삼각관계의 카드로 해석했습니다. 이렇듯 주변의 타로카드와 질문의 맥락에 따라서 같은 카드라고 해도 결혼과 삼각관계처럼 그 의미가 완전히 다르게 해석될 수도 있습니다.

6장으로 보는 연애 궁합운의 배열법에 익숙해지면 3장의 타로카드를 더 뽑아서 총 9장의 카드로 연애 궁합운을 볼 수도 있습니다.

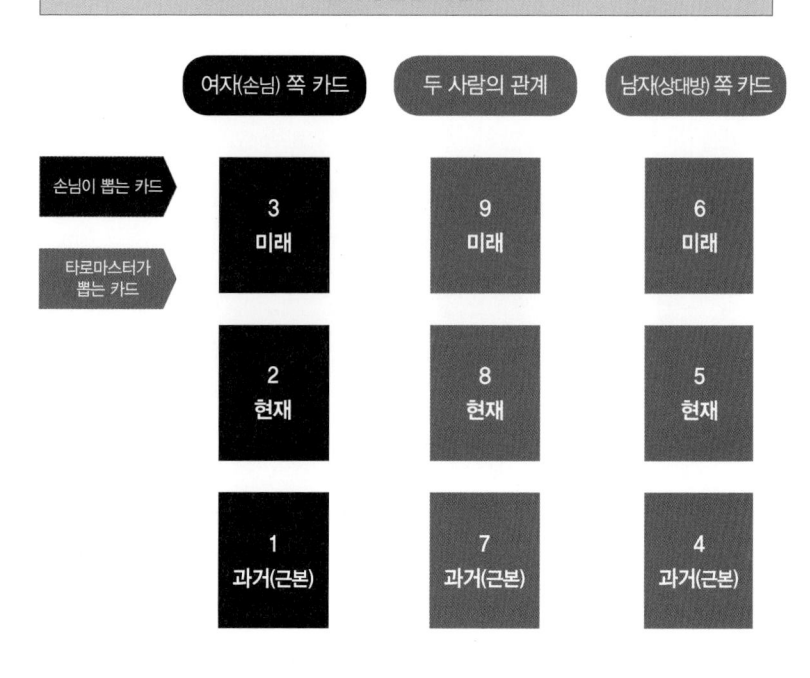

연애 궁합운 배열법

| 여자(손님) 쪽 카드 | 두 사람의 관계 | 남자(상대방) 쪽 카드 |

손님이 뽑는 카드

타로마스터가 뽑는 카드

3 미래	9 미래	6 미래
2 현재	8 현재	5 현재
1 과거(근본)	7 과거(근본)	4 과거(근본)

　위의 배열법은 6장 배열법에 관계의 흐름을 알려주는 카드 3장을 더해서 만든 배열법입니다. 타로마스터를 기준으로 왼쪽의 3장이 내담자 입장, 오른쪽 3장이 상대방 입장, 가운데 3장이 두 사람 사이의 관계의 흐름을 나타냅니다. 내담자 입장의 타로카드 3장은 내담자가 뽑고, 나머지 6장은 타로마스터가 뽑습니다. 그런 후에 위의 방식으로 배치하면 됩니다. 가장 많은 타로카드를 뽑는 배열법으로 어려울 수 있습니다. 구체적인 사례를 통해 해석하는 법을 살펴보겠습니다.

연애 궁합운 9장 배열법 시연 예시

연애 궁합운 심화 사례 (1)

만난 기간 2년, 내담자 남성 30대 중후반 예상

남자 입장(손님)	관계 흐름	여자 입장(상대방)
3. 미래	9. 미래	6. 미래
2. 현재	8. 현재	5. 현재
1. 과거(근본)	7. 과거(근본)	4. 과거(근본)

해석: 위의 사례는 사람의 성향을 읽기 어려운 경우입니다. 이런

경우, 성향보다 상황이나 현재의 심경이 더 중요할 때가 많습니다. 남자의 경우 9번 나무 카드를 볼 때 과거부터 이 관계에 지쳐 있음이 보입니다. 연애 이외에 본인의 일이 바쁘다는 것을 예측할 수도 있습니다. 18번 달 카드를 볼 때 남자는 이 관계에 확신이 없고, 이 마음은 미래 자리의 7번 동전 카드로 이어집니다. 남자는 당분간은 결혼과 이별 중 하나를 선택하지 못하고 고민할 것 같습니다.

여자의 상황과 심경에서 눈에 띄는 것은 결혼을 의미하는 4번 나무 카드와 10번 컵 카드가 동시에 나온 것입니다. 여자는 결혼을 생각하는데 남자가 확답을 못 주고 있네요. 그래서 여자의 미래 감정 자리에는 실망을 의미하는 5번 컵 카드가 나왔습니다.

이 관계의 근본은 소년의 동전으로 결혼의 인연까지는 보기 어렵습니다. 현재의 관계 자리에 나온 2번 나무 카드는 두 사람이 이 관계의 앞날을 고민하고 있음을 나타냅니다. 미래의 관계는 2번 동전 카드가 나온 것을 볼 때 현 상태가 당분간 지속될 것 같습니다.

여기서 2장 이상의 카드를 조합해 이 관계의 상황을 알 수도 있습니다. 2번 나무 카드와 2번 동전 카드의 조합으로 숫자 2가 나온 것으로 볼 때 남자가 다른 여자를 만나고 있거나 만나보고 싶은 생각이 있다고 조심스럽게 예측해볼 수 있습니다. 18번 달 카드와 2번 나무 카드의 공통된 키워드로는 '해외', '이동수'가 있습니다. 두 사람이 장거리 연애를 하고 있거나 그렇게 될 여지가 곧 생길 수 있어서 이 부분을 내담자에게 확인해볼 필요가 있습니다.

연애 궁합운 심화 사례 (2)

알고 지낸 기간 2달, 사귀는 상황은 아님, 내담자 여성 20대 후반 예상

여자 입장(손님)	관계 흐름	남자 입장(상대방)
QUEEN of PENTACLES	KNIGHT of WANDS	THE SUN
3. 미래	9. 미래	6. 미래
ACE of CUPS		KNIGHT of CUPS
2. 현재	8. 현재	5. 현재
	THE HIEROPHANT	QUEEN of CUPS
1. 과거(근본)	7. 과거(근본)	4. 과거(근본)

해석: 여자의 성향은 8번 동전 카드와 여왕의 동전 카드로 볼 때 흙의 성향이 강한 것 같습니다. 쉽게 마음의 문을 열지 않지만 내 사람이라고 생각하면 잘 챙겨주고(여왕의 동전) 처음과 다르게 애교(에이스 컵)도 생기는 유형일 것 같습니다. 현재 마음이 에이스 컵 카드인 것으로 볼 때 좋아하는 마음이 커진 것 같네요. 남자의 성향은 3장 모두 물 성향의 카드가 나왔습니다. 남성인데 여왕의 컵 카드가 근본에 있는 것으로 볼 때 여성성을 지닌 사람일 것 같습니다. 섬세하고 자상한 면이 있겠네요. 현재 마음으로 기사의 컵 카드가 나온 것으로 볼 때 곧 사귀자고 고백을 할 수도 있습니다. 남성분은 순수하고 진정성이 있지만 리더십이 있거나 강직한 면이 부족합니다. 그러나 여성분이 이런 단점을 보완하는 성향을 갖고 있어서 좋은 궁합입니다. 두 사람의 관계의 근본으로는 5번 교황 카드가 나와서 잘 만난다면 결혼의 인연도 보입니다. 현재 관계를 보여주는 자리에는 2번 컵 카드가 나온 것으로 보아 곧 서로 좋아하는 마음을 확인한다고 볼 수 있고, 미래 관계 자리에 기사의 나무 카드가 나왔으므로 관계 진전이 빠르게 된다고 볼 수 있겠네요. 남성분 쪽의 19번 태양 카드는 어린아이를, 여성분 쪽의 여왕의 동전 카드는 어머니를 의미하기도 하는데 이를 통해 여성분이 연상일 수도 있겠다는 예측도 가능합니다.

연애
솔로운

연애 솔로운은 현재 만나고 있거나 마음이 있는 대상이 없는 상태에서 좋은 인연을 만나고 싶을 때 상담하게 되는 주제입니다. 연애 솔로운에서는 타로카드를 통해서 3가지만 찾아내면 됩니다. 바로 '왜 현재 애인이 없을까?', '어떻게 하면 될까?', '언제 새로운 사람을 만날 운이 있을까?'이지요. 왜(Why), 어떻게(How), 언제(When), 이 3가지입니다.

연애 솔로운에서는 사전에 알아야 할 정보가 없습니다. 이 주제로 내담자가 찾아왔다면 곧장 상담에 들어가면 됩니다.

내담자 입장에서 연애 솔로운이라고 하면 '솔로'라는 단어에 불편함을 느끼는 경우도 있기 때문에 '전반적인 연애운'이라고 말을 바꿔서 이야기하는 것도 좋습니다.

연애 솔로운은 궁합운처럼 구체적인 대상이 없어서 상상하기가 어려운 면이 있습니다. 그래서 타로마스터는 내담자에게 지금 원하는 연애의 모습이나 이상형을 떠올려달라고 이야기하면서 긍정적인 연애의 모습을 상상할 수 있도록 유도할 필요가 있습니다.

연애 솔로운 배열법은 다음과 같습니다.

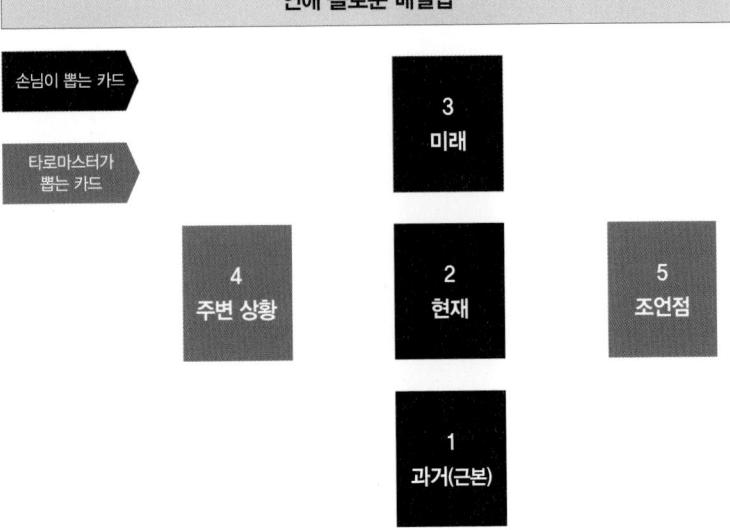

연애 솔로운 배열법

손님이 뽑는 카드

타로마스터가
뽑는 카드

		3 미래	
4 주변 상황	2 현재		5 조언점
	1 과거(근본)		

내담자가 본인의 연애 흐름을 알기 위해 시계열 배열법으로 3장의 카드를 뽑고 타로마스터가 현재 기점에서의 주변 상황을 알려주는 카드 1장과 조언점 카드 1장을 뽑습니다. 이렇게 총 5장의 카드로 연애 솔로운을 봅니다. 우선 전체적인 카드를 보면서 내담자의 성향이나 연애 패턴을 파악해봅니다. 왜 연애가 안 되고 있는지 알 수 있습니다. 주변 상황 카드와 조언점 카드를 보고 현재 다른 이성이 있는지, 과거의 인연에 미련을 두고 있는지, 이성을 만날 기회가 있는지 등을 파악할 수도 있습니다. 이유를 알게 되면 방법은 자연스럽게 알 수 있게 됩니다. 이렇듯 왜(Why), 어떻게(How)는 위의 5장의 카드로 추론할 수 있고, 언제(When)는 추가 카드를 통해서 알 수 있습니다.

연애 솔로운 배열법 시연 예시

연애 솔로운 사례 (1)

내담자 여성 30대 초중반 예상

3. 미래

4. 주변 상황

2. 현재

5. 조언점

1. 과거(근본)

해석: 실전 상담에서는 손님의 성향, 연애하기 어려운 형편, 과
거 인연에 대한 미련 등이 연애를 하지 못하는 주된 이유(Why)였

습니다. 앞의 사례의 경우 2번 고위 여사제 카드가 과거(근본) 자리에 있습니다. 즉, 쉽게 마음의 문을 여는 사람이 아니고 누군가를 좋아했다면 그 마음이 오랫동안 남는 사람입니다. 그래서 현재 카드와 주변 상황 카드로도 미련을 의미하는 6번 칼 카드와 7번 칼 카드가 나왔습니다. 새로운 인연을 만나기 위해서 어떻게(How) 해야 할 것인지는 조언점 카드로 뽑힌 0번 바보 카드에서 찾을 수 있습니다. 완전히 마음을 비운 후에 새로운 사람을 만날 수도 있고, 이직 또는 이사를 통해 새로운 곳에서 새로운 사람을 만날 수도 있습니다. 미래 자리에 나온 4번 컵 카드는 새로운 연애에 관심이 없어짐을 의미합니다. 전체 카드를 볼 때 과거 인연에 대한 미련이 크고 새로운 연애를 할 준비가 되지 않은 것으로 보입니다. 이런 경우의 내담자는 과거의 사람과의 궁합운을 보고 싶었는데 현재 만나는 상황이 아니기 때문에 솔로운으로 상담을 시작했을 가능성이 높습니다. 그럴 때는 솔로운은 짧게 보고 궁합운으로 바로 넘어가는 것이 좋습니다. 언제(When) 새로운 사람을 만날지 알아보는 것은 생략하고 언제 과거의 사람과 연락이 닿을지를 보는 경우가 더 많습니다.

내담자가 연애 솔로운을 물어봤지만 일이 바쁘거나 솔로인 지금 상태에 만족해서 새로운 연애에 관심이 없는 경우가 있습니다. 이런 경우, 내담자가 상담에 집중하지 못하기 때문에 타로카드가 일관성 없이 뒤죽박죽으로 나올 가능성이 큽니다. 이럴 때는 연애 솔로운 상담을 빨리 마치고 다른 주제로 넘어가는 것이 좋습니다.

연애 솔로운 사례 (2)
내담자 여성 30대 중반 예상

3. 미래

4. 주변 상황

2. 현재

5. 조언점

1. 과거(근본)

해석: 내담자의 성향은 동전 카드가 3장 나왔기 때문에 흙의 성향이라고 볼 수 있습니다. 그런데 에이스 칼 카드와 에이스 컵 카드가 나온 것으로 볼 때 유머 감각, 적극성, 친근함도 있어 보입니다. 자기 일에 책임감과 전문성도 있고 성격도 좋은 사람이기 때문에

주변에 사람이 많고 호감형일 것 같네요. 10번 동전 카드와 3번 동전 카드는 결혼을, 에이스 카드는 시작을 의미합니다. 결혼을 생각하기 때문에 배우자가 될 사람을 만나고 싶어 하는 것 같습니다. 현재 자리에 나온 에이스 컵 카드는 하늘에서 손이 나오는 카드로 연애운이 들어옴을, 미래 자리에 나온 기사의 동전 카드, 일명 '흑기사 카드'는 운이 있을 것을 암시합니다. 주변 상황으로 나온 에이스 칼 카드를 통해 연락을 주고받는 사람이 있거나 곧 생길 것으로 짐작됩니다. 조언점으로 나온 3번 동전 카드는 결혼을 전제로 만날 것으로 해석하거나 소개를 받을 것으로 해석할 수도 있겠네요. 이런 경우는 왜(Why), 어떻게(How)에 대한 해석은 의미가 없고 언제(When) 좋은 사람을 만날 수 있을지, 그리고 언제(When) 결혼하는 것이 좋을지 추가 카드를 뽑아서 봅니다.

추가 카드 예시

Q. 언제 좋은 사람을 만나게 될까요? (현재 5월)

| 5월 | 6월 | 7월 | 8월 | 9월 |

위의 카드는 시기를 보기 위해서 추가 카드를 타로마스터가 뽑은 것입니다. 시기를 보기 위해 추가 카드를 뽑을 때는 월(月) 단위로 뽑을 수도 있고, 연(年) 단위로 뽑을 수도 있습니다. 주(週) 단위

또는 일(日) 단위로는 뽑지 않습니다. 타로마스터는 질문과 상담 흐름에 따라 월과 연 단위 중 어느 쪽으로 추가 카드를 뽑을지, 그리고 몇 장을 뽑을지 결정하면 됩니다. 보통 연애 솔로운에서 언제 인연이 있을지는 월 단위로, 언제 결혼할지는 연 단위로 봅니다.

해석: 5월의 8번 인내 카드와 6월의 14번 절제 카드는 현재 상태에서 큰 변화가 없는 정체기 에너지 흐름입니다. 그런데 7월부터 에이스 동전 카드의 에너지가 들어오면서 8월 10번 컵, 9월 5번 교황 카드로 결혼 키워드가 들어옵니다. 7월부터 연애운이 좋아지면서 배우자가 될 수 있는 사람을 만나게 될 가능성이 높아지겠네요.

Q. 언제 결혼을 하게 될까요? (현재 2022년 5월)

| 2022년 | 2023년 | 2024년 | 2025년 | 2026년 |

해석: 2022년의 3번 동전, 2023년의 4번 나무, 2024년 6번 나무 카드의 공통된 키워드는 결혼입니다. 결혼운이 3년 연속으로 들어온다고 볼 수 있지요. 결혼할 배우자를 만날 수도 있고, 결혼식을 올릴 수도 있습니다. 그런데 2025년에는 이동 속도가 느려지는 6번 칼 카드가 나왔고, 2026년에는 다시 시작해야 하는 에이스 칼 카드가 나왔습니다. 결론적으로 결혼을 하고자 한다면 2024년까지

결혼운이 좋기 때문에 이 시기 동안 결혼식을 올리거나 결혼할 배우자를 만나야 합니다.

연애 솔로운 사례 (3)

내담자 남성 40대 중후반

3. 미래

4. 주변 상황

2. 현재

5. 조언점

1. 과거(근본)

해석: 과거(근본) 자리에 나온 5번 교황 카드와 현재 자리에 나온 15번 악마 카드의 조합은 54쪽에서 불륜 등 일반적인 상황이 아닐 때 나오는 조합이라고 했었습니다. 주변 상황 카드로는 3번 컵 카드로 3명이 어울리는 모습이 담긴 카드가 나왔습니다. 유부남인 상황에서 다른 여자를 만나려 한다고 예측할 수 있습니다. 이미 만나고 있는 사람이 있을지도 모르고요. 조언점으로는 11번 정의 카드가 나왔습니다. 법적인 이슈가 있을 때 나오는 카드로 여기서는 결혼보다 이혼이 맞을 것 같네요. 이혼 후에 새로운 연애를 시작하라는 조언인 것 같습니다. 그렇다면 별거 중이거나 이혼 소송 중일 수도 있습니다. 미래 자리에 나온 2번 동전 카드는 2명의 사람이 돌고 도는 상황을 이야기합니다. 이혼이 안 되는 상황에서 다른 사람을 만난다고 예측할 수 있겠네요. 왜(Why)에 대한 답변은 아직 결혼 상태이기 때문이고, 어떻게(How)에 대한 답변은 이혼을 먼저 해야 된다, 라고 답변할 수 있겠습니다. 손님이 이혼과 별개로 새로운 사람이 언제(When) 나타나는지를 물어본다면 추가 카드를 뽑아서 볼 수 있습니다.

남운내본 Tip

위의 사례처럼 유부남인데 새로운 여자 친구를 언제 만날 수 있는지 물어보는 것은 올바르다고 할 수 없습니다. 그렇지만 이것은 내담자의 인생이고, 선택이기 때문에 타로마스터가 옳고 그름을 판단할 수는 없습니다. 내담자의 질문이나 상황이 타로마스터의 인생관이나 철학과 너무 맞지 않는 경우에는 상담을 아예 시작하지 않는 편이 좋습니다. 하지만 유료로 타로카드 상담을 하다 보면 다양한 사람과 질문을 마주하게 됩니다. 내담자는 틀린 것이 아니라 다르다는 관점으로 바라보고 타로카드가 내담자에게 주고자 하는 메시지만 담백하게 전달할 수 있는 타로마스터가 진정한 프로입니다.

금전운

타로카드로 금전운을 볼 때는 금전의 출처를 파악하고 그곳에서의 금전 흐름을 통해 간접적으로 금전운을 파악할 수 있습니다. 금전운을 볼 때의 질문 순서는 다음과 같습니다.

금전운 질문 순서
손님이 금전운을 선택
⬇
진로(학문), 직장, 직업, 사업, 투자 중 손님이 주제 선택
⬇
각 주제마다 필요한 기본 정보 획득
⬇
원하는 모습이나 목표를 머릿속에 구체적으로 생각할 수 있게 유도

예를 들면 내담자가 "올해 금전운이 좋을까요?"라고 질문했다면 어떤 일을 하는지 확인해야 합니다. 직장을 다니면서 주식 투자를 동시에 하고 있다고 하면 직장에서의 금전 흐름과 주식 투자에서의

금전 흐름을 각각 봐야 합니다. 2개를 동시에 생각하면서 타로카드를 뽑는다면 카드는 일관성이 없게 나올 것입니다.

연애 궁합운에서 사귄 기간과 만난 기간을 기본 정보로 알고 타로카드 상담을 시작했듯이 직장, 직업, 진로, 사업, 학문의 주제에서도 필요한 기본 정보가 있습니다.

금전운 상담 시 기본 정보	
직업운	궁금한 하나의 직업이 있는지 확인한다. 여러 개의 직업이 있는 경우, 하나의 직업만 선별한다. 하지만 직업이 무엇인지 물어보지는 않는다.
직장운	직장에서 몇 년 차인지 물어본다. 이직을 물어본다고 해도 현재 직장과의 인연을 먼저 본 후 이직운에 대해서 본다.
진로운	구체적으로 생각하는 진로가 있는지 확인한다. 구체적으로 생각 중인 분야가 없다면 상담을 시작하지 않는다. 생각하는 진로가 무엇인지 물어보지는 않는다.
사업운	사업을 준비 중인지, 진행 중인지 먼저 확인한다. 사업 또는 매장이 여러 개라면 그중 하나를 선택해서 본다.
학문운	어떤 분야의 공부를 하는지 정해져 있어야 볼 수 있다. 공부의 목적(합격, 직업 준비 등)을 물어보고, 공부 과정과 결과까지 상상하게 한 후 카드를 뽑는다.

금전운 상담에서는 지인천(地人天) 배열법을 사용합니다. 앞서

설명했듯이 지, 인, 천 3장의 카드는 손님이 뽑고, 결론 카드는 타로 마스터가 뽑습니다.

금전운 심화 사례 (1)

Q. 지금 하고 있는 일로 성공할 수 있을까요? (1가지 직업이 있고 잘되는 모습을 상상하면서 타로카드를 뽑았음.)

1. 환경   2. 내 입장   3. 운(변수)

4. 결론

해석: 내담자의 성향은 에이스 컵 카드와 1번 마법사 카드로 파악할 수 있습니다. 우선 바람, 물의 성향으로 에너지가 밝고 활동적입니다. 자유로운 성향으로 고정된 시간과 장소에서 일하는 것과 맞지 않을 것 같습니다. 지금 하는 일은 기회가 먼저 와서 시작을

하게 됐고, 앞으로도 좋은 제안이 있을 것 같습니다(에이스 컵). 내담자는 이 일을 잘할 수 있는 재능을 가져서 남들보다 더 빠르게 성장하면서 능력 발휘를 할 것 같습니다(1번 마법사). 여기서 2번 동전과 2번 나무 카드의 조합으로 하나의 추론이 가능합니다. 이 일 말고 하고 싶은 다른 일이 있을 것 같습니다. 두 카드 모두 '미련'이라는 키워드가 있고, 2개를 동시에 잡으려고 하기 때문입니다. 내담자에게 2개의 일을 동시에 하려고 하는지 여부와 이 일을 하다가 본래 하고 싶은 일을 언젠가는 하려는 계획이 있는지 물어볼 수 있습니다. 이런 관점에서 보면 4번 자리의 결론이 이동인 것으로 해석할 수 있습니다. 2번 나무 카드의 이동은 업그레이드의 의미가 있으므로 지금 하고 있는 일이 원래 하고자 했던 일과 연관성이 있을 것 같네요. 그리고 2번 나무 카드에는 '해외' 키워드도 있으므로 해외로 갈 마음이 있는지 물어볼 수도 있습니다. 여기까지만 이야기하면 내담자가 많은 이야기를 하게 되고 그 이야기에 맞게 추가 타로카드를 뽑아서 깊이 있는 상담으로 이어지게 됩니다.

위의 해석을 보면 타로마스터는 카드만 보고도 내담자가 말하지 않았던 내담자의 성향, 제안에 의한 시작, 현재의 성장 분위기, 하고 싶은 다른 일, 해외 이동수 같은 여러 가지 사실들을 추론해냈습니다.

남운내본 Tip

타로카드를 많이 뽑는다고 해서 타로카드 상담을 잘하는 것이 아닙니다. 여러 각도에서 입체적으로 타로카드를 보면서 카드가 주고자 하는 메시지를 잘 잡아내는 타로마스터가 타로카드를 잘 보는 사람입니다. 이 중 맞는 것도 있고 그렇지 않은 것도 있겠지요. 실전 상담에서는 하나만 맞아도 내담자가 놀랍니다. 상담 경력이 쌓일수록 맞는 것들이 더 많아집니다. 점이 잘 맞는다는 느낌은 과거와 현재를 맞출 때 줄 수 있습니다. 미래는 아직 오지 않았기 때문에 맞는지 안 맞는지 알 수 없기 때문이지요.

금전운 심화 사례 (2)

Q. 가게가 앞으로 어떻게 될까요? (가게는 한 곳 운영 중)

1. 환경

2. 내 입장

3. 운(변수)

4. 결론

해석: 뽑힌 카드들의 전체의 분위기를 봤을 때 타로카드 공부를 하지 않은 사람이라고 해도 좋지 않은 상황임을 직관적으로 알 수 있지요. 5번 칼, 5번 동전, 5번 컵 카드가 나와 숫자 5의 에너지가 증폭되는 조합입니다. 5의 에너지는 역경, 고난, 불확실로 지금 상황이 좋지 않음을 보여줍니다. 1장씩 살펴보면 1번 환경 자리에 5번 칼 카드가 나왔습니다. 5번 칼 카드의 고난은 나의 의지나 예상과는 다르게 불가항력적인 상황에서 오는 경우가 많다고 설명했었습니다. 가게 운영이 코로나 같은 시대적인 고난에 직격탄을 맞았을 수도 있습니다. 그러다 보니 2번 자리의 내 입장은 금전적인 어려움이 있을 때 나오는 5번 동전 카드가 나왔지요. 3번 자리의 운도 실망을 의미하는 5번 컵 카드입니다. 4번 자리의 결론은 손절을 해야 할 때 나오는 11번 정의 카드입니다.

추가 카드로 언제쯤 가게를 정리할 수 있을지 시기를 볼 수 있습니다. 현재 시점이 4월 말이라고 했을 때, 가게를 생각하라고 내담자에게 부탁하고 타로마스터는 5월부터 가게와 주인이 어떤 인연으로 가는지 추가 카드를 뽑아 알아봅니다.

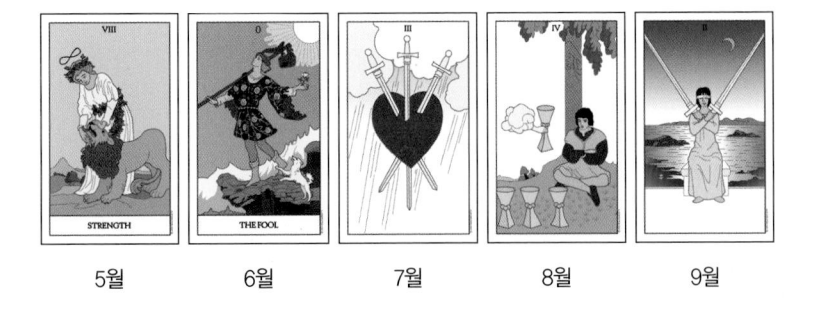

| 5월 | 6월 | 7월 | 8월 | 9월 |

퇴사, 이별, 부동산 매매처럼 기존에 있던 것을 정리하는 것은 큰 변화, 단절, 무(無)의 에너지 카드가 나올 때 가능하다고 볼 수

있습니다. 5월의 8번 인내 카드는 현 상태를 유지하는 카드입니다. 6월의 0번 바보 카드는 처음부터 새롭게 출발하는 에너지의 카드로 가게를 정리할 수 있습니다. 7월의 3번 칼 카드는 단절의 의미로 정리가 가능합니다. 8월의 4번 컵 카드도 무(無)의 에너지를 가진 카드이기에 정리는 가능하지만 움직임이 없어서 6월과 7월에 비해 정리의 기운은 약합니다. 9월의 2번 칼 카드는 이러지도 저러지도 못하는 상황일 때 나오는 카드로 정리가 어려워집니다. 결론적으로 7월 안에 정리운이 있을 때 정리하는 것이 좋을 것 같습니다.

금전운 심화 사례 (3)

Q. 공무원 시험에 합격할 수 있을까요?

1. 환경

2. 내 입장

3. 운(변수)

4. 결론

해석: 1번 환경 자리에 나온 9번 은둔자 카드는 공부에 집중할 수 있는 환경이 마련되었음을 보여줍니다. 2번 내 입장 자리에 나온 9번 칼 카드는 머리를 감싸고 고민하는 카드로 공부 또는 연구를 치열하게 하고 있음을 알려주지요. 이처럼 질문 주제가 무엇인지에 따라서 카드의 해석이 전혀 달라집니다. 만일 공부의 주제에서 19번 태양, 3번 컵, 소년의 나무처럼 즐겁고 행복한 카드가 나왔다면 공부에 집중이 안 될 수 있습니다. 3번 자리의 운 카드로 에이스 동전 카드가 나왔다면 운이 있다는 의미입니다. 4번 자리의 결론인 3번 동전 카드는 시험에 합격할 가능성이 높음을 보여줍니다. 3번 동전 카드는 정부 기관, 학교, 기업의 의미가 있기 때문입니다.

남운내본 Tip

9번 은둔자 카드와 9번 칼 카드가 만일 연애운에서 나왔다면 부정적으로 해석됩니다. 그러나 공부를 하는 상황에서 이 2장의 카드가 나온다면 긍정적입니다. 이처럼 질문과 맥락에 맞게 카드를 해석할 수 있어야 합니다.

+·((● ❋ ●))·+

남운내본
실전 예시

+·((○ ❋ ○))·+

타로카드 상담을 할 때 다음 예시의 대사를 외워서 하면 사족 없이 상담을 깔끔하게 진행할 수 있습니다.

타로마스터: 안녕하세요. 타로마스터 ○○○입니다. 타로카드는 가까운 미래를 보는 점입니다. 향후 1년 정도까지 정확하게 볼 수 있습니다. 주제는 크게 연애운과 금전운으로 나뉘는데 어떤 주제로 보시겠어요?

(내담자가 질문 주제를 239쪽의 하위 카테고리에 따라 선택할 수 있도록 타로마스터가 도와줍니다. 여기서는 사업운을 묻는다고 가정하고 지인천 배열법을 선택했습니다.)

타로마스터: 자, 그럼 지금 말씀하신 사업이 잘되는 모습을 생각하시면서 여기에 있는 타로카드를 왼손으로 3장 뽑아서 저에게 주시면 됩니다.

(타로마스터는 내담자에게 받은 타로카드를 순서대로 밑으로 넣으면서 받고, 1장의 카드를 타로마스터가 추가로 뽑습니다.)

(손에 있는 4장의 타로카드를 뒷면이 위로 오게 한 상태로 지인천 배열법에 맞게 배치합니다.)

(배치된 타로카드를 모두 뒤집은 후에 해석을 시작합니다.)

내담자: 그러면 언제쯤 사업이 잘될까요?

타로마스터: 사업이 잘되는 모습을 다시 한번 생각해주시면 제가 추가 카드를 뽑아서 시기를 보겠습니다.

(추가 카드를 뽑을 때는 내담자에게 보고자 하는 주제에 대해서 생각하라고 요청한 후에 그 파동 에너지를 받아서 타로카드를 뽑습니다. 추가 카드는 타로마스터가 모두 뽑습니다.)

(시기까지 모두 해석하고 상담이 마무리되었다면 상담을 마칩니다.)

타로마스터: 더 궁금하신 것 있으세요? 없으시면 상담 마치도록 하겠습니다.

내담자: 사업운은 잘 들었습니다. 감사해요. 저 연애운도 궁금한데 볼 수 있을까요?

(만일 금전운이 아닌 연애운을 물어본다면 타로카드를 완전히 접고 잘 섞은 다음에 숨 고르기를 하고 기운을 정화시킨 다음에 시작합니다.)

타로카드 상담 시
주의 사항

1. 미래를 맞출 수는 없습니다. 단지 과거, 현재와 미래의 파동 에너지로 미래의 상황을 예측할 뿐입니다. 고정불변이 아닌 변화 가능한 미래입니다.

2. 언제나 긍정적이거나 부정적인 타로카드는 없습니다. 질문자의 의도나 다른 카드와의 관계에 따라 결과가 결정됩니다.

3. 나의 말 한마디가 내담자에게 큰 영향을 줄 수 있습니다.

4. 타로마스터가 말을 많이 하는 상담보다 많이 들어주는 상담이 만족도가 높은 경우가 더 많습니다.

5. 타로카드 상담을 어느 정도 잘하게 되는 순간이 옵니다. 그 순간 교만에 빠지거나 상대방을 무시하는 것을 경계해야 합니다.

6. 타로 상담의 목적은 내담자에게 용기와 힐링을 건네주는 것입니다.

훌륭한 타로마스터가
되는 비결

+‹‹◐ ❊ ◑››+

저는 그동안 수많은 제자들을 양성했습니다. 제자분들 중에는 저를 뛰어넘을 정도로 훌륭한 타로마스터로 성장하신 분들도 계셨고, 그저 취미 수준의 공부로 그치는 분들도 계셨지요. 하지만 도달한 목표에 관계없이 저에게 타로카드를 배운 모든 분들께서 한 번쯤 꼭 던지는 질문은 공통되었습니다. "선생님, 어떻게 하면 훌륭한 타로마스터가 될 수 있을까요?"

지금부터는 그 비결에 대해 간략히 말씀드리고자 합니다. 앞에서도 이야기했었지만, 타로카드를 우주의 메시지를 전달하는, 78개의 알파벳(카드)으로 이루어진 외국어라고 생각하면, 훌륭한 타로마스터가 되는 비결에 대해 좀 더 비유적으로 쉽게 이해할 수 있을 것입니다.

1. 당연한 이야기이지만, 타로카드를 열심히 공부해야 합니다.

영어를 잘하려면 단어와 숙어를 많이 알아야 합니다. 쉽게 말해 어휘 실력이 좋아야 합니다. 예를 들어 'take'라는 단어를 생각해볼까요? 실전에서 영어로 글을 쓰거나 대화를 할 때 'take' 자체의 의미를 잘 알아야 상황에 맞게 이 단어를 활용할 수 있을 것입니다.

그런데 'take'는 'take away(포장해가다)', 'take it for granted(당연시하다)', 'take over(대체하다)' 등 다른 단어들과 결합해 더 많은 의미를 만들어냅니다. 타로카드도 마찬가지입니다. 타로카드 각각의 의미를 제대로, 정확하게 익혀야 함은 기본이고, 여기에 더해 여러 카드의 조합에 따라 미묘하게 달라지는 의미를 명확히 이해해야 합니다.

2. 실전 상담 경험이 많을수록 좋습니다.

똑같은 나이, 똑같은 지적 수준, 똑같은 외국어 배경지식을 가졌다고 할지라도 전문 통역사 훈련을 받은 사람과 일반인의 통역 실력이 똑같을 수는 없습니다. 타로카드 상담도 이와 다르지 않습니다. 어떤 카드가 나오느냐에 따라 수만 가지의 조합이 가능하고, 내담자의 사연과 성향도 천차만별이기 때문에 각각의 케이스에 최적화된 상담을 하기 위해서는 결국 실전 상담 경험을 많이 쌓아야 합니다. 그러므로 타로카드의 기본기를 익혔다면 주변의 가까운 분들을 대상으로 자주 상담 연습을 해볼 것을 권합니다. 또한 같은 공부를 하는 분들과 소통을 하는 것도 큰 도움이 됩니다. 한국소울타로협회 카페(cafe.naver.com/tacaso)는 타로카드 공부에 관심이 많은 분들이 모여 교류하는 곳입니다. 이곳에서 다양한 사례를 접하며 실력도 쌓고, 궁금한 점을 서로 묻고 가르쳐주며 타로카드 공부의 도반들을 만나는 것도 좋을 것입니다.

3. 인생의 내공도 중요합니다.

모태 솔로인 타로마스터가 이별의 고통을 겪고 있는 내담자를 100% 이해할 수 있을까요? 딩크족인 타로마스터가 자녀 문제로

속을 썩는 내담자의 마음을 100% 공감할 수 있을까요? 인생의 다양한 고민에 직면한 내담자를 상담해줄 때, 타로마스터가 살면서 쌓아온 내공의 진가가 드러나게 됩니다. 그렇다고 해서 신체적인 나이가 타로 상담의 내공이나 정신연령과 정비례하지는 않습니다. 중요한 것은 살면서 겪은 다양한 경험을 부단한 성찰과 사색을 통해 그 의미를 깨닫고 자신의 내공으로 치환하는 것임을 기억하시길 바랍니다.

4. 타고난 재능 또한 중요합니다.

언어 습득 능력도 재능인 것처럼, 타로 상담 역시 타고난 능력을 무시할 수 없습니다. 이때의 '능력'이라 함은, 문제의 본질을 꿰뚫어 보는 직관, 내담자의 마음을 헤아려주는 공감 능력, 내담자를 고양시킬 수 있는 긍정 에너지, 그리고 끊이지 않고 대화를 이어나가는 화술, 신뢰감 가는 목소리 등을 가리킵니다. 이러한 능력을 선천적으로 타고났다면 정말 좋겠지만, 그렇지 않다고 해도 낙심하기에는 이릅니다. 후천적인 노력과 지속적인 실습을 통해서도 충분히 발전시킬 수 있는 자질들이기 때문입니다. 타고난 공감 능력이 부족한 사람이라고 해도 자신에게 닥친 어려움을 극복하고 나면 힘든 상황에 처한 내담자에게 '동감'할 수 있는 능력이 생기는 것처럼 말입니다.

5. 핵심을 짚고 논리적으로 대화를 이끌어야 합니다.

내담자들은 보통 고민이 많은 채로 타로마스터를 찾아옵니다. 그렇기 때문에 생각이 복잡하거나, 감정적이거나, 혼란스러운 상태여서 자기가 무슨 말을 하는지도 모른 채 횡설수설할 수도 있습니다. 타로마스터가 그런 내담자의 말에 휘둘리다 보면 두 사람이 우왕좌왕하는 상담으로 흘러가기 쉽습니다. 훌륭한 타로마스터는 질문의 핵심을 짚고, 중요한 순서대로 하나씩 하나씩 생각의 실마리를 풀어줍니다. 문제 안에 갇혀 있던 내담자를 바깥으로 끌어내어 더 나은 비전을 제시해줄 수 있다면 더할 나위가 없습니다. 타로마스터가 중심을 잡고 상담의 맥을 이어나가야 내담자의 답답했던 마음이 풀립니다.

6. 상담하려는 주제와 관련된 최소한의 기본 지식이 필요합니다.

살면서 단 1번도 부동산 거래를 해본 적이 없고 그 분야에 관심도 없는 타로마스터가 큰 금액의 대출을 받아 건물을 살까 말까 고민 중인 분을 상담한다고 생각해보세요. 내담자의 머릿속은 앞으로의 시장 상황, 규제 정책, 대출금리, 도시계획, 건축법 등 수많은 변수를 고려하고 있는데, 상담 내용이 "음…… 좋을 것 같아요" 정도의 단순한 수준이라면 결코 만족스러운 상담이 되지 못할 것입니다. 이와 반대로 1번이라도 부동산 거래를 해본 적이 있다면 상대적으로 풍부한 상담이 가능하겠지요. 즉, 상담하려는 주제와 관련해 최소한의 기초적인 지식이 있어야 만족스러운 상담이 가능함을 기억하고 평소에 세상 돌아가는 일에 눈과 귀를 열고 전체적인 흐름을 관망할 줄 알면 좋습니다.

7. 전문 분야가 있는 것도 좋습니다.

중요한 수술을 앞두고 외국인 환자를 통역해야 하는 상황을 생각해볼까요? 의학에 대해 아무것도 모르는 통역사보다, 떠듬떠듬

콩글리쉬로 말을 이어가더라도 정확한 의학 용어를 구사할 줄 아는 의사가 통역을 하는 편이 수술의 성공을 위해서는 더 낫습니다. 이처럼 가능하다면 자신만의 전문 분야를 만들어 타로 상담과 접목해 보시길 권합니다. 이때 그 분야의 전문가로서 자문을 하는 것이 아니라 타로마스터로서 상담을 해야 한다는 사실을 잊지 않아야 합니다.

앞에서 이야기한 모든 조언을 뛰어넘는 가장 중요한 비결은, 타로카드를 진심으로 믿고 평생에 걸쳐 연구하는 것입니다. 인간에 대한 애정과 타로카드에 대한 진심이 어우러지면 놀라운 통찰이 가능해집니다. 여러분의 타로마스터 여정을 응원합니다.

자주 물었던
질문과 답변(FAQ)

1. 타로카드를 한 종류만 쓰는 사람이 있고, 여러 가지 상황에 따라 바꿔 쓰는 사람이 있는데 정회도 님은 어떤 기준으로 카드를 사용하시나요?

이것은 제 개인적인 소견입니다. 다른 타로마스터분들과 의견이 다를 수 있음을 먼저 말씀드립니다. 제가 쓰는 타로카드는 웨이트 계열의 타로카드입니다. 현대 타로카드의 기본이자 표준입니다. 이것을 토대로 다양한 카드들이 만들어지고 있습니다. 제가 만든 소울 웨이트 타로카드도 웨이트 계열 타로카드입니다. 저는 실전 상담에서 웨이트 계열 타로카드 1가지만 사용합니다. 웨이트 계열 타로카드 하나만 제대로 쓸 수만 있다면 다른 타로카드들까지 쓰지 않아도 된다고 생각하기 때문입니다. 여러 디자인과 콘셉트의 타로카드들을 쓰면 우선 보기에도 좋고 상담이 풍요로워지는 장점이 있습니다. 하지만 그것이 본질을 흐릴 수도 있다는 것이 제 개인적인 생각입니다.

2. 타로카드 관리는 어떻게 해야 하나요? 1장을 잃어버렸을 때는 어떻게 하나요?

타로카드를 깨끗하게 써야 하는 것은 당연합니다. 그래서 스프레드 천 밖에 올려놓지 않는 것이 우선입니다. 그럼에도 불구하고 타로카드를 오래 사용하면 낡게 되고, 실수로 1장을 잃어버리기도 합니다. 저는 개인적으로 타로카드를 2~3년 정도에 1번씩 새것으로 교체합니다. 교체할 때는 전국의 좋은 명당을 돌아다니면서 쓰던 타로카드의 기운을 새 타로카드에 옮기는 작업을 합니다. 쓰던 타로카드와 새 타로카드 2개를 바위 위에 올려놓고 새 타로카드로 기운이 옮겨갈 수 있도록 기도합니다. 내담자 입장에서 낡은 카드는 그림이 선명하게 보이지 않기 때문에 새 타로카드로 교체하는 것이 좋다고 저는 생각합니다.

타로카드 78장 중 1장을 잃어버렸거나 크게 훼손되었다면 새 타로카드로 교체하는 것이 맞다고 생각합니다. 우주의 메시지를 전달하는 도구가 부서지거나 훼손되었다는 것은 그 도구의 생명이 다했음을 의미하기 때문입니다.

3. 직업으로써 타로카드 상담을 한다면 상담 시간은 어느 정도로 정해야 할까요?

저는 개인 상담을 할 때 길게 하지 않습니다. 하나의 주제당 12분 정도가 평균 상담 시간입니다. 본질만 담백하게 전달하면 된다고 생각하기 때문입니다. 제 기준에서는 하나의 주제에 10~15분 정도로 상담하는 것이 적당하다고 생각됩니다.

4. 타로카드 상담을 하면 기운이 소진된다고 들었는데요. 하루에 몇 명 정도 상담을 하는 게 좋은가요?

타로카드 상담을 할 때 반드시 기운이 소진되는 것은 아닙니다. 오히려 나와 주파수 조합이 잘 맞는 손님과 상담을 하고 나면 기운을 얻게 됩니다. 어떤 손님과 상담을 했는데 기운이 없어지고 머리가 아프다면 주파수가 안 맞는 것입니다. 나와 주파수가 안 맞는 내담자와 2~3개월 정도 쉬지 않고 계속 상담한다면 타로마스터의 정신과 영적 건강이 안 좋아져서 일상생활에 지장을 줄 수도 있습니다. 그래서 자신과 주파수가 안 맞는 내담자와는 거리를 두는 것이 좋습니다.

주파수가 안 맞는다는 것은 누구의 잘잘못이 아니고 단지 안 맞을 뿐입니다. 그래서 타로마스터는 자신만의 방법으로 소울을 회복해야 됩니다. 저의 개인적인 소울 충전 방법은 수면, 아이스 아메리카노와 디저트, 소울이 있는 대화입니다. 소울을 회복할 시간이 필요하기 때문에 하루 이틀 정도는 상담 없이 휴식을 취합니다. 하루에 상담하는 인원은 하루 10시간 상담한다고 할 때 최대 15명 정도입니다.

제가 처음 상담을 시작할 때는 주파수가 안 맞는 내담자가 일주일에 2~3명 정도 있었습니다. 경력이 쌓이자 1달에 1~2명, 1년에 1~2명으로 점차 그런 내담자가 줄어들었고, 지금은 거의 없으며 간혹 만난다 해도 제게 미치는 부정적인 영향이 크지 않게 되었습니다. 그 이유는 제 주파수의 영역이 넓어졌기 때문입니다. 처음엔 작은 웅덩이 정도의 내공으로 시작합니다. 큰 돌 하나가 떨어지면 웅덩이는 요동칩니다. 하지만 시간이 흘러 내공이 쌓이면 웅덩이가 시냇물이 되고, 시냇물이 강물이 되고, 강물이 바다가 됩니다. 바다 같은 내공에는 큰 바위가 떨어져도 크게 요동치지 않습니다.

5. 정회도 타로마스터 님은 어떤 자세와 마음가짐을 가지려고 하고, 어떻게 자기 관리를 하시나요?

저는 여여(如如)한 상태를 갖고자 부단히 노력합니다. '여여'라는 말은 불교에서 쓰는 말로 분별이 끊어져 있는 그대로 대상을 파악하는 마음 상태를 의미합니다. 나의 앞에 있는 내담자를 선입견과 고정관념 없이 있는 그대로 보고 그것을 타로카드에 반영할 수 있는 상태가 여여한 상태라고 생각합니다.

여여한 상태가 되기 위해서는 우선 스스로 청정(清正)한 상태가 되어야 합니다. 그래서 우선 저는 술, 담배를 일체 하지 않습니다. 술, 담배를 하면서 청정한 상태를 유지할 수 있다면 해도 되지만, 저는 그렇게 할 자신이 없어서 일체 하지 않는 쪽을 선택했습니다. 또한 영적 에너지를 회복하기 위해서 일주일에 하루만 개인 상담을 했었습니다. 지금은 유튜브 타로 영상 및 콘텐츠 창작에 영적 에너지를 쏟아붓고 있어서 개인 상담을 하지 않고 있습니다. 스스로 준비가 되지 않은 상태에서는 타로 상담을 하지 않는 것이 좋습니다.

오프라인에서 개인 상담을 할 때 저는 내담자가 타로카드에 집중할 수 있도록 자세와 용모에 신경을 썼습니다. 옷차림은 흰색, 검은색, 네이비 등 시선을 빼앗지 않는 단색 옷을 단정하게 입었습니다. 그리고 내담자는 타로마스터의 손을 주로 보기 때문에 내담자의 시선을 빼앗을 만한 시계, 팔찌, 반지는 착용하지 않았습니다. 처음에는 두 손을 어떻게 해야 할지 몰라서 팔짱을 끼고 있거나 두 손을 잡고 있는 경우가 있는데, 두 손은 어깨 넓이 정도의 간격으로 테이블 위에 올려놓는 것이 자연스럽습니다.

6. 앞으로 단 하나의 타로카드만 가질 수 있다면 어떤 카드를 선택하시겠어요?

78장의 타로카드는 0번 THE FOOL(바보) 카드로 시작됩니다. 저는 이 카드를 갖고 싶습니다. 이 카드는 자유를 의미하고 새로운 시작을 의미합니다. 순수한 마음을 의미하기도 합니다. 저는 자유롭고 싶고 항상 새롭게 시작하고 싶습니다. 그리고 순수한 마음을 계속 유지하고 싶습니다. '바보'라는 이름을 가진 카드이지만 360도를 돌아온 0도의 바보라면 이야기가 다릅니다. 그런 바보가 되고 싶습니다.

내 운명은
잘될 운명입니다

　지금까지 78장 타로카드를 익히고 배열법과 상담법을 배우느라 고생 많으셨습니다. 타로카드 공부를 하면서 치유와 깨달음을 이미 경험하신 분들도 있을 것입니다.

　타로카드와 같은 운명학은 당장 손에 쥘 수 있는 실체가 없어서 현실에서는 당장 급한 공부가 아니라고 생각될 수 있습니다. 오히려 부동산, 주식, 영어 등의 공부가 바로 삶에 적용 가능한 공부이겠지요. 그런데 왜 여러분은 운명학 공부를 시작하게 되었을까요? 평생 운명학을 공부하지 않는 사람이 더 많은데 말이지요. 운명학 공부를 하게 되었다는 것은 지금 이 공부를 할 수 있는 시기가 왔고, 그럴 준비가 되었기 때문에 가능한 것입니다.

　우주는 물질(현실)세계와 초월적(영혼) 세계로 이루어져 있습니다. 물질세계와 초월적 세계는 연결이 되어 있고 한쪽의 에너지가 충만해지면 다른 쪽으로 에너지가 넘어가게 됩니다. 그래서 물질적으로 충만해진 부자들은 초월적 세계에 관심이 많습니다. 물질을 넘어선 초월적 세계로 관심사가 옮겨가는 것입니다. 반대로 물질세계에서 큰 상처를 받았거나 지쳤을 때도 초월적 세계에 관심을 갖게 됩니다. 초월적 세계에서 충만해지면 그 에너지가 물질세계를 받쳐주고 채워줄 수 있기 때문입니다.

타로카드는 초월적 세계를 공부하는 것입니다. 이런 기회는 자주 오지 않습니다. 여러분이 이렇게 타로카드와 인연이 된 것에 감사하며 초월적 세계에 대한 공부를 손에서 놓지 않고 꾸준히 하면 좋겠습니다. 어느 정도 공부를 하다 보면 자신이 왜 이 분야에 관심을 갖게 되었는지 알게 됩니다. 내 운명은 잘될 운명임을 알게 될 것입니다.

당신은 잘될 운명입니다.

부록

타로카드
일기장

타로카드를 공부하고 난 후에는 바로 활용해보는 것이 중요합니다. 이 책을 완독 후 활용하는 데 도움이 되고자 타로카드 일기장으로 부록을 구성했습니다.

◆타로마스터 정회도가 견습생 시절(2007년) 썼던 타로카드 일기장

타로카드 일기장에 타로카드를 기록하는 요령과 작성 예시는 다음과 같습니다.

타로카드 일기장 기록 요령

구분	표기법	예시
메이저카드 22장	M(숫자) 또는 카드 이름	0번 바보: M0 또는 바보 6번 러버: M6 또는 러버
펜타클(동전) 카드	☆	6번 동전: 6 ☆
컵 카드	⏳	5번 컵: 5 ⏳
칼 카드	▽	Ace 칼: Ace ▽
나무 지팡이 카드	▯	10번 나무: 10 ▯
궁정카드	King(왕), Queen(여왕), Knight(기사), Page(소년)	기사의 칼: 기사 ▽ 왕의 동전: 왕 ☆

타로카드 일기장 작성 예시

질문	지금 만나는 남자와 결혼할 수 있을까요?	상담일	2016. 12. 17.

사전 정보	손님은 30대 중반 여성, 연애 기간 6개월, 특이점 없음

타로카드	해석
4□ 10⊠ 월드 왕 ☆ 황제 4 ☆	여자의 카드는 4번 나무, 10번 컵, 월드로 남자와의 결혼을 의미하는 카드들만 나왔다. 결혼을 원하는 것 같다. 남자의 카드도 남편을 의미하는 왕의 동전과 황제 카드가 나오는 것으로 볼 때 결혼을 생각하는 것 같다. 남자의 성향은 흙의 성향으로 책임감은 강하지만 고집이나 주관이 강할 것 같다.
추후 피드백	2017. 5. 3. 두 사람이 결혼 날짜를 잡았다는 소식을 들었다.

♦사전 정보에는 나이대, 성별, 상황, 특이점 등을 적습니다.

본 책에 28개의 상담 내용을 기록할 수 있도록 양식을 첨부하였습니다. 2개월 안에 28개의 타로카드 일기장을 작성해보세요.

타로카드 일기장(1)

질문		상담일	
사전 정보			

타로카드	해석
추후 피드백	

타로카드 일기장(2)

질문		상담일	
사전 정보			

타로카드	해석
추후 피드백	

타로카드 일기장(3)

질문		상담일	
사전 정보			

타로카드	해석
추후 피드백	

타로카드 일기장(4)

질문		상담일	
사전 정보			

타로카드	해석
추후 피드백	

타로카드 일기장(5)

질문		상담일	
사전 정보			

타로카드	해석
추후 피드백	

타로카드 일기장(6)

질문		상담일	
사전 정보			

타로카드	해석
추후 피드백	

타로카드 일기장(7)

질문		상담일	
사전 정보			

타로카드	해석
추후 피드백	

타로카드 일기장(8)

질문		상담일	
사전 정보			

타로카드	해석
추후 피드백	

341

타로카드 일기장(9)

질문		상담일	
사전 정보			

타로카드	해석
추후 피드백	

타로카드 일기장(10)

질문		상담일	
사전 정보			

타로카드	해석
추후 피드백	

타로카드 일기장(11)

질문			상담일	
사전 정보				

타로카드	해석
추후 피드백	

타로카드 일기장(12)

질문			상담일	
사전 정보				

타로카드	해석
추후 피드백	

타로카드 일기장(13)

질문		상담일	
사전 정보			

타로카드	해석
추후 피드백	

타로카드 일기장(14)

질문		상담일	
사전 정보			

타로카드	해석
추후 피드백	

타로카드 일기장(15)

질문		상담일	
사전 정보			

타로카드	해석
추후 피드백	

타로카드 일기장(16)

질문		상담일	
사전 정보			

타로카드	해석
추후 피드백	

타로카드 일기장(17)

질문			상담일	
사전 정보				

타로카드	해석
추후 피드백	

타로카드 일기장(18)

질문			상담일	
사전 정보				

타로카드	해석
추후 피드백	

타로카드 일기장(19)

질문		상담일	
사전 정보			

타로카드	해석
추후 피드백	

타로카드 일기장(20)

질문		상담일	
사전 정보			

타로카드	해석
추후 피드백	

타로카드 일기장(21)

질문		상담일	
사전 정보			

타로카드	해석
추후 피드백	

타로카드 일기장(22)

질문		상담일	
사전 정보			

타로카드	해석
추후 피드백	

타로카드 일기장(23)

질문		상담일	
사전 정보			

타로카드	해석
추후 피드백	

타로카드 일기장(24)

질문		상담일	
사전 정보			

타로카드	해석
추후 피드백	

349

타로카드 일기장(25)

질문		상담일	
사전 정보			

타로카드	해석
추후 피드백	

타로카드 일기장(26)

질문		상담일	
사전 정보			

타로카드	해석
추후 피드백	

타로카드 일기장(27)

질문		상담일	
사전 정보			

타로카드	해석
추후 피드백	

타로카드 일기장(28)

질문		상담일	
사전 정보			

타로카드	해석
추후 피드백	

내 운명은 내가 본다 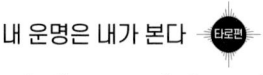 타로편

내 타로는 내가 본다

+ ⦅ ● ✳ ● ⦆ +

1쇄 발행 2023년 2월 13일
12쇄 발행 2024년 2월 13일

글 정회도
기획 골든리버
편집 한아름
디자인 섬세한 곰
마케팅 허경아 이성재 이루겸

발행인 정회도
발행처 소울소사이어티
출판사 등록일 2020년 7월 30일

이메일 soul-society@naver.com
카카오톡채널 소울소사이어티

웹사이트 soulsociety.kr
인스타그램 @soulsociety.official
블로그 blog.naver.com/soul-society
유튜브 youtube.com/soulsocietykr

ⓒ 정회도, 2023
값 20,000원
ISBN 979-11-974103-6-9 13180